住みなれた
まちで 家で
終わりたい

在宅ターミナルケアのある暮らし

続・高齢者グループリビング［COCO湘南台］

西條節子

生活思想社

もくじ

＊写真提供　ＮＰＯ法人ＣＯＣＯ湘南、村野千枝子
＊装幀・渡辺美知子

＊本書に登場する人物名は、個人の了解を得たもの以外はすべて仮名です。

まえがき——グループリビングに暮らして八年

はじめて私と犬だけの部屋がある。みんなとの暮らしもある。カバン一つで一人旅をする自由も得た。が、行きたいとは思わないし、焦りもない。とうとうそのときを獲得した感じの毎日でもある。

思えば小学校五年生から藤沢市で遊び、学び、暮らし、友人も星のごとく、といいながらも加齢後のことが気になりだしたのは六十歳を過ぎてからである。ふりかえると学校の勤めを十九年で退職し、ブラジル移住研修の財団に二年いたあいだに、アマゾンへも調査に出かけた。若さというものは、好奇心と勇気と体力でもある。

北アルプスとやな場の民宿でうろうろしていた充電期も一年ほど。そして四十二歳から藤沢市議会議員として二十四年活動した。市議のテーマも運動も、ボランティアも、全部障がい者と高齢者の生きる道筋に取り組んだはずだったが、先進国の福祉と比較すると、数こそ並んでいても日本の福祉はお菓子の上げ底のように見せかけが多く、悩みながら、当事者や家族の皆さんと走り回った。

自分の老後？　そうだ、私にも老後はあるんだ！　なんて考えたときは、自分ながら心身の老いを少しずつ感じていたときであった。まわりを見つめても、私の望みと、私の使える費用で利用できるところはなかった。それを広げてみると、私の年齢のレベルの人口層が多いのに気づいてもきた。さて！　そろそろ当事者予備軍として高齢者の生涯の暮らしにこだわろうか。ならば市議を引退して、諸活動の引き出しも閉めて、その筋一本でやってみよう。おもしろい？　おもしろそう。これが楽天家といわれる証でもある。

私は独身だから、自分の道へ進むことにたいして、誰彼と葛藤しなくて自分で決めればいい、と思いながら、さっそく手がけていった。

高齢者グループリビングＣＯＣＯ湘南台は生涯型の高齢者の住まいの研究会のメンバーとなってくださった、十六人衆の知恵の結集というところなのである。

誰にも気兼ねをしないで、一人の時間と、みんなの楽しい時間と生きる自由。楽しさ、安心、生涯終わる日までここで生きる。そんな高齢者の暮らしを立ち上げていった。

暮らし始めて、それぞれの方々の歩いた人生模様もわかりかけてくると、十人十色の生活が気にならずに、いつもの我が道をいく楽しい暮らしになっていくのに気づいていく。

その八年間の暮らしのなか、二〇〇四年に生活者の一人を癌で送った。

癌、脳血管疾患、心臓病が三大成人病といわれる。「私は癌だ」と思いつつも、癌を宣告されたときはショックであり、否定されたかった。「本当？　もしかしたら違う……。やっぱりそうだ……」。自分自身への怒りなどがおさまって、私の逝き方への取引へ移りつつ、彼女は逝った。

住みなれた地域で終わりたいと語ったご本人にそって、幸せなターミナルケアであった。

「私は人間である」。え？　いまごろ何を開き直っているの？　といぶかる人もあるだろう。

近頃、高齢者の暮らしに関して情報誌が増えたことは、選択肢としてけっこうなこと。しかし、「終の棲家」のタイトルがやたらに目につく。「棲家」を辞書で検索すると、「棲む＝動物が巣を作ってそのなかで生息する」とか……。私も動物に違いないが、いっしょにされるのは不愉快なことなのである。ぶつぶついいながら、私たちは人間として尊厳をもって、守りあって生きていこう、そして納得して、第三次元の世界へ心地よく出たい。

現在、自宅で逝くことも少なくなり、また、高齢者施設でさえ隔離され、病院で終わらねばならないケースが七〇％以上もあると聞く。ときに急性の病気の場合もあるだろう。しかし〝わが家〟へ帰りたいのは心からの叫びだろう。

そして今、コーディネーターである私は、いったい何をしているのか？　と問われたら、「ＣＯＣＯ湘南台の十人中、私をのぞいて九人がコーディネーターなのでらくちんです」と答えている昨今となったのである。

〈第１部〉

ＣＯＣＯ湘南台と病気の発見

COCO湘南台の庭。この庭を八重さんは眺めていた。

［第1章］　高齢者グループリビングＣＯＣＯ湘南台とは

高齢者の尊厳はどこに？

高齢期を迎えて身体が不自由になると、一人で暮らすことがむずかしくなってくる。介護保険がスタートした現在でも、保健・医療・福祉サービスの機能が円滑に連携していないこともあって、けっきょくは社会的入院というレールに乗らなければならなくなってしまうことが多い。また、家族がいたとしても家族間のたらいまわしにあったり、家族間にさえ混乱が起きてしまい、当事者と家族の人間関係や精神衛生上もよいはずもない。

誰のせいでもない。急速に進んだ少子化・高齢化にたいして、本人自身はもとより社会支援の準備も後手にまわっているからである。そのとまどいの渦のまっただなかにいるのであり、一部の問題ではない。そこで社会的入院という道を選んで一件落着したかのような生涯の納めかたを、当事者は想定していただろうか。当事者に変わって代弁すれば、「賞味期限切れ」を宣告されたような挫折感にとらわれている。帰る場がないと訴えは続き、また一方、家族からも介護ができないという事情を聞く。そんな場面に付き合ってきたことが、毎日の不安材料なのである。

ここ数年の高齢化率を厚生白書から見てみると、一九七〇年七・一％、九〇年一二％、そして予測では二〇二〇年には二七・八％になるという。

この間、高齢者の尊厳はどこにあるのか？　バブル期に計画した老人ホームは倒産したり、八七年には有料老人ホームの建設ラッシュ。また、介護保険法が施行されてからは大企業の空き寮を低賃金で借りて改造した有料老人ホームが増え始める。このような老人ホームは環境的に疑問がある。ただの箱物ホームであり、共同トイレであり、多人数の収容で閉鎖的である。利益追求型で、高齢者は三食・昼寝・介護・管理付きで介護度は高くなる一方で、入居金と月額利用料の高額なホームが増えている。

一方、社会福祉法人などが経営する特別養護老人ホームは大型化し、百人規模の建設が始まる。そして認知症高齢者グループホームの建設ラッシュ。

巷では、独居、家族内の孤独によるうつ病の増加、老夫婦同士の介護の話題が盛んにされるようになっている。そんななか、私たちのように、介護予防生活に目覚めたＮＰＯ法人・市民が動き始めたのである。中心にある考え方は、「自由と責任」「高齢者の尊厳を守る」「納得する第三の人生を求めよう」である。

私は四十歳代から国内の障がい者施設はもちろん、高齢者施設（当時は養老院）の調査、ボランティアなどを経験しながら、海外、とくにフランス、イギリス、西ドイツ、スウェーデン、オーストラリア、ニュージーランド、カナダなどを訪ねた。また日本の高齢者の長期入院も見てきた。海外と日本の高齢者の置かれている状況の違い、あまりの格差に驚きもし、私たちが求めている暮らしへの思いを深く心に刻み込んだ。そして、そこで見つけたものが「尊厳とはこれだ！」というものだった。

自分で開発しよう！

さて、ならばどうする？　次は自分の番である。何かよい手はないものか、六十歳代後半から準備にときをかければ間に合いそうだと考えた。

第三の人生に「元気印」の旗をかかげ、気の合った仲間と暮らす方法を自分たちで開発しようと出発したのが、名付けて「バリアフリー高齢者住宅研究会」。この研究会から「高齢者グループリビングＣＯＣＯ湘南台」へと暮らしと住宅の実験を進めてきた。

九六年春に集まった十六名の研究メンバー（現在は二十七名）は、高齢者の暮らしと住まいにこだわるメンバーである。参加者は六十五歳以上の当事者を中心に、四十歳代から七十五歳までの男性七名、女性九名がそろいぶみ。「自立と共生」をテーマに、小さなリビングで地域とともに生涯を生きるプログラムに着手した。

毎月一～二回、三年間の研究会活動であった。会合は楽しくなければ……。楽しく運んだから続いたのでしょう。

ＣＯＣＯとは、地域社会との関わりを重視するという意味でCommunity（コミュニティ）、そして共同して生活していくという意味でCooperative（コーポラティブ）の頭文字をとってつけたものである。

「自立と共生」がキーワード

私たちの暮らしのキーワードは「自立と共生」。日本の施設や行政でいう「自立」には誤りがあって、誤解をといていったのだ。行政や既施設では、衣服の着脱、食事の摂取、排尿・排便などが自力でできるか、などを自立の前提としていた。しかし、本当の自立とは、当事者の選択権であり、自由な言葉や態度で意思表示できることを強調したいのである。

「共生」とは、地域住民として協働して暮らすということ。この考え方もじょじょに浸透してきている。

一口にグループリビングとは何か、というと、「地域の暮らしをすすめる共同の小規模家庭生活」といえるだろう。生涯をともに暮らすのである。暮らし方を優先して、そのあとに住居がついてくる。その住居も小規模、多機能の暮らしである。日本の場合、箱物ができて、そこに入って箱にあわせて暮らす仕組みが圧倒的である。

「自立と共生」以外に重要な理念として、暮らしをともにする住民同士が参加して心地よい生活をつくることとである。

その一つは「参加型」。「生活のルール」をみんなで考える。支払った費用の使い方を見えるようにする。

もう一つは個人個人のプライバシーを大切に、ということ。干渉しあわないことは大切なことだ。

私たちの暮らしは介護、認知症予防の元気な生涯をおくることであり、この生活が実践をとおして社会貢献事業としてふさわしいと実証する情報を、今後皆さんにどう伝えていくかにかかっているだろう。

そんな考え方をもとに開設されたＣＯＣＯ湘南台だが、市民間の課題として関心が広がり、各地でこのような試みが展開されつつある。また、〇五年には、日本自転車振興会「高齢者生き活きグループリビング」がグループリビング建設にたいして補助金制度をスタートさせた。ＮＰＯ法人ＣＯＣＯ湘南は第一号の補助金助成団体となって、第三のグループリビング建設の補助に使わせていただいた。

五つのキーワード

①「自立と共生」の高齢者住宅……ふれあうコミュニティ
②「共同運営」……新しい参加型の暮らし
③「地域交流」……地域と交流しながら社会貢献を考え実践する
④「健康に暮らす」……地域の質の高い保健・医療・福祉サービスとネットワークして安心を担保する
⑤「元気印の発信基地」としてターミナルケアにいたるまでのモデルづくり

第三の人生と位置づけ、一人一人が人間の尊厳を大切に歩む道づくりをしていこう。年齢に応じた独立である。ふれあい、助けあい、学びあいの十名の共生を目標とした。

その具体的な進め方として、住みなれたまちで、地域と交流しながら暮らす。ここでいえば藤沢のまちであり、しかも生活感がもてるやや郊外型となった。用地は約三〇〇坪、建物は木造二階建て約一五〇坪。共生の人数は生活者九名とコーディネーター一名の計十名。私たちは用地なし、お金なし、けれどできると信じていた。

その結果、ＮＰＯ法人が運営するグループリビングの提案書十三ページが完成し、これを持って、市・県・国へ説明に行くと、「前例、先例はない」と繰り返された。行政のこの言葉は何世紀も使われているようだ。

そこで自力で地元の協力してくださる地主さんを探しはじめ、三年目の夏に協力者に出会ったのだった。九八年九月に協力地主さんと契約。翌年四月にＣＯＣＯ湘南台を開設した。つまり、市民の発想と実施はよき前例であるが、否、行政がつくったのを認めたいといいたいのかもしれない。こうなったら、市民と行政の競争であると決めこんだのである。

生活支援ネットワーク

ＮＰＯ法人ＣＯＣＯ湘南の運営するグループリビングは地域社会資源とのネットワークが特徴である。

居住地（住居）が決まってから、周辺の医療、福祉、保健の資源調査をしたり、私たちの計画について話に行ったり、招いたりして、地域社会の資源との連携を始める。積極的に地域の資源を育てるつもりで共存共栄の心が大事。そんなわけで、連携が円滑にすすむようになるには三年はかかると思う。

とくに、当時、介護支援センターはどこも不慣れなのは仕方がなかったが、現在は少しずつ充実してよくなったと思う。

病院は、まずは個々のホームドクターがある。個人の加齢による症状によって、専門医に相談して

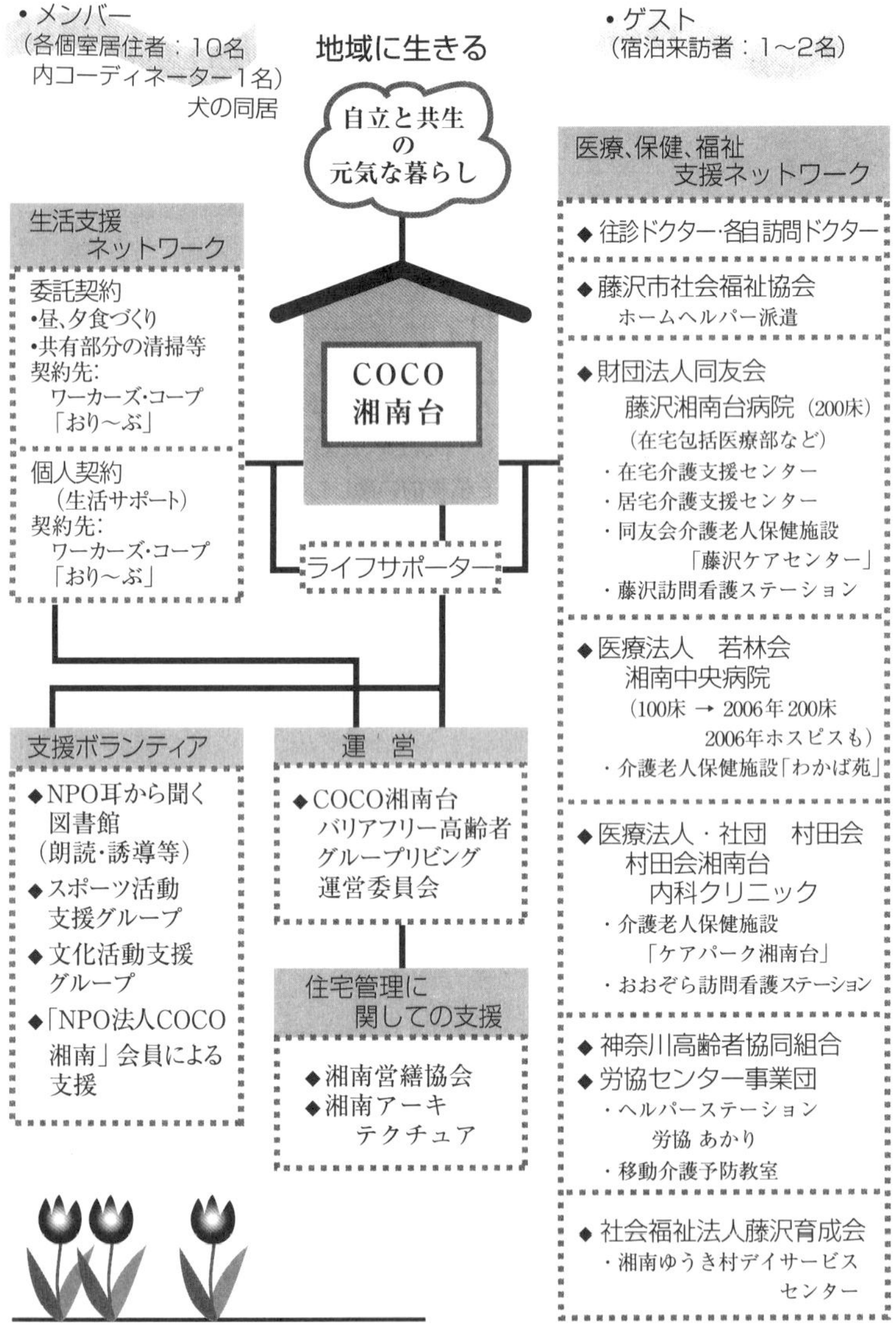

図１　高齢者グループリビングＣＯＣＯ湘南台暮らし図

『地域に生きて　住みなれた家で終わりたい―在宅ターミナルケアの記録』（発行・ＮＰＯ法人ＣＯＣＯ湘南、2004年）よりいる。早期予防、〝発見〟、早期治療を心がけている。

またそれぞれのグループリビングでは、往診医をお願いしている。歯科の訪問診療もする医師もあるようになった。また、ところにより、在宅ターミナルケアに熱意をもってくださる医師も少しずつ増えている。診療報酬がかかわることでもあるが、今後、訪問診療医は増えると思うし、その理解は深まってきている。

食事について

朝食は自由。昼食と夕食が用意される。いずれもワーカーズの皆さんの手作りで評判はよい。

昼食は、月曜日から金曜日まで、ひまわり弁当。夕食は〇三年四月からは三六五日体制でワーカーズコープ・おり～ぶが担当してくれている。八名くらいの方が交代で調理されるので、飽きもこないのではないだろうか。

メニューは一か月、生活者の参加型で決まっていても、八名の味つけ・かくし味の違いが飽きを呼ばず、顔を見て楽しんでいるふしもある。

なぜ既存の建物を使わないのか

良いものがあれば改造して利用する、アンティークの家などもあるかもしれないが、それはそれなりの風土を生かして改造すればいい。しかし、改造費を見積もらねばならない。

私たちの研究結果では、住まいを考えるときは、明るい環境で空間、光、廊下の幅や共用部分のゆとり、居室の広さを十分に検討した。とくに個室のトイレは必需品。メンタルな健康に心配りが必要である。

鉄筋コンクリートの共同トイレ、北側の個室で個室面積が狭いとか、廊下が狭いなどは高齢期の住まいに適さない。

よって、私たちの住まいは木造二階建て。ほぼ全室南向きで、トイレ完備で部屋は暖かである。

生活費用の算出は？　年齢構成は？

女性の年金を根拠にした。一般の企業に三十年から三十五年勤務した人の年金額、また遺族年金の平均十五万から十七万円を基礎にして、安定的に生活できる一か月の生活費を積算した。それで、月額十三万七千円から十三万八千円の幅となった。

入居にあたっては、その他国民年金の受給者でも、貸し家がある人、土地を持っているなどの不動産収入の見通しも考慮している。

開設のころは、六十五歳から八十六歳と幅をもたせた生活者の選択を行なった。みんな同じ年齢では、みんないっしょに加齢していってしまって、生活が成り立たなくなってしまうからである。当初の平均年齢は七十五歳。〇六年の平均年齢は八十一歳である。

住みなれたわが家として

神奈川県藤沢市の湘南台という町は小田急江ノ島線湘南台駅を中心に東と西に街が生き返り発展途

表１　３つのグループリビングの生活状況（2006年状況）

	ＣＯＣＯ湘南台	ＣＯＣＯありま	ＣＯＣＯたかくら
生活者人数	10名	10名	10名（うちコーディネーター１名）
男女比	女性９名　男性１名	女性10名	女性８名　男性２名
最高年齢	95歳	83歳	83歳
平均年齢	81歳	76歳	72歳
開　設	1999年４月	2003年７月	2006年４月
自治会員	今田自治会員	中河内自治会員	高倉自治会員
それぞれ猛犬住まう			

上。とくに横浜市営地下鉄が湘南台と横浜駅に開通してからは日々目を見張るように駅前の商業圏が活発となった。駅の西側からは慶應義塾大学行きのバスに学生が並び、東は町田線という国道が交通渋滞さえ起きることもある。十万坪余の慶應義塾大は敷地の森が、街の空気、とくに酸素を再生しているかのよう。

グループリビングＣＯＣＯ湘南台はその街の駅から歩いて十三分、やや郊外型の地域に開設されたのである。〇三年七月には第二号の「ＣＯＣＯありま」が、〇六年四月には第三号「ＣＯＣＯたかくら」が開設し、生涯の暮らしをすすめている。

［第２章］　小池八重さんの病と決断

村野・小池姉妹との不思議な縁

同じ藤沢の一軒家、山の上に暮らす村野千枝子さん・小池八重さん姉妹の地と南の引地川沿いの借家住まいの私とは、五キロ離れていても同じ藤沢教会に所属していた。二人の世界と見えない糸でつなぐフランシスコ会のシスター一杉さんの存在を知ったのは、交流してかなり経てから後のことであった。

当時、私は市民派の市会議員として三期目のときであったが、選挙カーで村野さんの家の前を通った。名前の連呼まではいかなくてもいやがうえにもスピーカーの声が家々の屋根の上を流れていく。そのとき石垣ごしに門のなかから「頑張ってよ！　応援しているのよ」と心強い声と笑顔のお二人の声援に車を止めた〝とき〟。

「パンフレット、置いていきなさい。たくさんよね」の声に、ここにも応援してくださる方が、と元気が湧いて、パンフレットを渡して過ぎ去ったことが直接の出逢いといえようか。私が六期で引退するまで、公私ともに支持してくださったのであった。夢中で運動をしてくださったエピソードを近くの友人から聞いた。

私のパンフをあの地区の坂を登ったり下りたりして、一軒ずつ配る姿に出会った。そのとき、近くの私の知人の男性が「村野さん、それは選挙違反だよ！」といっていたそうだ。そのとき、村野さんは「あなた、この人くらい立派な人いないのよ。選挙違反っていったって、お金やものを配ってるわけと違うでしょ。あなたもいい歳して、そんな意地の悪いことをいうものではないわよ！」とニコッと笑って去って行かれたそうだ。

〝いい歳をして、意地悪するな〟…か……。肝に銘じておかなければ……、と笑いながら心にとめた、といわれた。ユーモアのある方である。

疲れたら休みにいらっしゃいと声をかけてくださって、姉妹の家にたま～に出かけていってはコーヒーのお替わりをして、つくった十年物の梅酒を一升いただいて抱いて帰るのが、恒例となっていった。ご自分方は一滴のアルコールにも関心がないそうだ。

ときに、八重さんから「牛肉の佃煮、作ったわよ。疲れないように食べてね」と差し入れがあったり、山の上にいただきに行ったりした。

ずうずうしい私であったが、二人は可愛がってくれた。教会の友人で二人のことをいろいろ告げ口する人があったけれど、私には関係のないことで無視した。私は直接主義だし、無視……。私は私の眼と心で接することで、とあまり耳も貸さなかった。

尊敬するシスター一杉の話も聞いて、シスター一杉と村野家との深いつき合いをも知った。シスター一杉は、私には手をやいていた。やんちゃ信者で手がぬけないといってらしたらしいが、その反面、村野さんには「西條さんに暮らしを作ってもらい、加齢したら彼女（西條）に相談して老後を決めてもらいなさい！」と二言目には話に出ていたとのことである。

当時、修練長様とは、修道会では権威の象徴のように偉い地位の方だったのだ。つまり大きな尼寺学校の学長であったのだった。

私が若い頃、困った宗教論議の質問を持ち込んだりしているうち、フランス語を勉強してフランスの修道院で修練して、日本での障がい者の修院づくりをしないかとすすめられたりもした。「フランス語はともかくとして、フランスの修院では朝寝坊できるの？」と聞いて驚かれたが、私は朝の早起きだけは年に二、三度の緊急のとき以外は何にもまして困難きわまる。自分が一番知っている確かな部分なのだった。私は、朝五時頃から起きて、聖書で毎日祈りなどできる体質と性質ではない。「そんなにむつかしく、なにも考えずに泊まってみてごらん」といわれて、聖母の園ホームにお泊まりとなった。五時半のアンジェラスの鐘で目覚めるけれど、三日と続かず家に帰ってしまってあきれられたこともあった。

小学校の頃から朝寝坊であったが、ぎりぎり人間で、でも決して遅刻したことはなかった。それゆえ、緊張・緊張が続いていたのであった。

そんなわけで諦めてくださり、この話は泡のように消えてホッとした。

そんなこんな交わるうちに話がいっぱい笑いが絶えなかったが、老後のことは一様にスパッと割り切れるものではない。

現在、当事者の選択が大事と学者も誰もが認めるところであり、加齢してまで管理されたくないと思うのは当然のなりゆきである。

一九九八年に、山の上の二人は八十五と七十六歳、犬のトン平と、十二月の末、二人とも風邪で動けなくなったと聞いた。「参りました」という声であった。八重さんが、「食事がわりにココアを飲んで寝てれば治るから心配しないで」といわれるけれど、心配しないわけにはいかなかった。

そこで九九年開設のグループリビングの話をした。

ここで夫の甥夫婦に相談してみるという。「どうぞ、どうぞ、そうするのがいいでしょう」。

その後、山の上で甥のつれあいの螢子さんを紹介された。静かで深い思慮をもった優しそうな方であった。社会の一般的なごく普通の話で別れた。私はあくまで自己決定にこだわる考えを捨てないので、とくにグループリビングの話は、螢子さんに聞かれた範囲でこたえていた。たぶん、心もとない人と思われただろう。グループリビング開設まで、ときはまだ五か月先、時間は十分あった。

八重さんが決断力があるうちに決めよう、と姉上と相談したようだった。

思い起こして考えてみると、このころ、八重さんは胃の痛みを発作といっていたが、当時から予感がしていて、疲れ気味であったようだ。

山の上からは急な坂道を五百メートル登り下りして買い物をするのがきつくなっていたようでもある。

ここに暮らして長老格でもあり、親切な皆さんが何くれと声をかけてくれるけれど……。そればかりに頼ってばかりはいられないとも話していた。

まだグループリビングは完成していないが、車で案内して入居へのボタンを押してみるか？　という気持ちのうしろに例のシスター一杉の影があった。二人とトン平を迎えることが、シスターの遺言のように思えたからだった。

ＣＯＣＯ湘南台へ入居――一九九九年の秋の夜

今思えば、この夜の出来事は深刻さと滑稽さとがいりまじったあたふた劇でもあった。

一九九九年五月に姉妹で移動されたとき、姉上村野千枝子さんが八十六歳、妹の小池八重さん七十六歳と十歳違いの姉妹で、犬のトン平君と一緒に〝到着したわよ〟と威勢よく玄関を入ってこられた。

しかし、そのとき姉上は歩くのがやっとだった。足を痛められ辛そう。足関節が赤く腫れ上がっている。辛抱しての入居。骨折でもしているのではと心配して、その場で送ってくださったボランティアの車で、さっそくネットワークしている病院に診察を依頼したほど少々の騒動となった。

レントゲンで捻挫と打撲とわかってホッと一息。妹八重さん曰く「トンの散歩は姉ちゃんは無理だといっているのに、〃あたしだってできる〃といって知らないうちにトン平を連れ出して……。途中で知人にあって例のごとく話し込んで、トンは車が通って、かけ出したらしい。それに引っ張られてころんだんだって」。

しかし待ち望んだ二人は、約束の日に来られたのだった。

早々迷惑をかけて……とあやまる妹。

打撲でよかったと帰ってこられて曰く「先生がネ、レントゲンを見て、立派な骨ですねえだってワッハッハッハ」と豪快な笑い。

「姉ちゃん何笑っているのよ！　笑いごとじゃないでしょ」と妹にたしなめられて、シュンとする姉上。

「よかったわねえ、骨が立派だって……。じゃ、ころんだときのコンクリートの坂がこわれてないかしら！」とのやりとりで大笑いの一幕がお二人のスタートの日であった。

姉上は血圧が高く、心臓が弱いから、いつ倒れるか消えるかわからないからいっしょに寝るといって同室になった妹は、いつも冷静な思考をするのであった。

姉は落語好きで、ポンポンと話がはずむ。姉上とは対象的に寡黙で冷静な妹とよくぞ五十年の同居であったのだった。

さて十一月になって、暮らし始めた十名は六か月をすぎて、それぞれの部屋の居心地、座り心地も落ち着き、地域の老人会の宴席にも招かれ、皆さんと心地よい交流が始まりだした。

その夜であった。

「西條さん、西條さん」と姉上から小さな声で呼ばれた。あわてて部屋を出て、アトリエのほうについていった。

八重さんがお腹の痛みがひどくて脂汗をかきだしたのでどうしたらよいか助けてほしいとのことであった。

このやりとりを述べておこう。

私の車で病院にお連れしようか？　それとも往診を頼もうかと……。

姉上曰く「あのー、妹は病院嫌い、医者嫌いで、それはダメなの」「？」。

「……いつもは漢方薬で治しているから漢方医なの」と申される。その薬が手元にないのだと訴えられた。

「だとすると、その漢方の先生に電話をしましょう。お薬をいただいてくるわ」と答えた。

東京なのだという。東京であろうと北海道であろうと、電話でお話をして、藤沢の漢方の先生をご紹介いただいて指示さえもらえば、手に入り、それはできるはずだからその東京の先生の電話さえ教えてくだされればやってみようと思ったのだった。

姉上「それがネエ、その漢方の先生死んじゃっているのよ」ということであった。

「村野さん、今、落語やってるときじゃないのよ」と答えながらも、思案してのち、八重さんに尋ねたほうが早そうだと気づく私も遅いけれど、さっそく八重さんの枕元に行った。

横から「往診はイヤという八重は本当に頑固なんだから」と、しきりにつぶやく姉上。

八重さんに、「痛いのね、苦しいでしょう」、と声をかけると、いつものことでしばらくすると治まると、か細い声。「往診を頼みましょうね、後藤先生はご存じの方だから相談してみましょうよ。少しでも楽になったほうがよいわ。トンチャンも心配そうな顔で見ていて可哀そうよ」「往診の相談していいでしょ、八重ちゃんね」と二度問い合わせてみると、イエスともノーとも返事はかえってこない。ノーコメントともいわず、静かにうつ伏せていらっしゃるので後藤先生に相談しますね、と念を押しても黙っていることは、こういうときの対応は「痛くて返事なんかできないわよ、ぐずぐずいっていないで早く治してよ」との信号と受け止めさせてもらって「じゃ、すこし待っててね」と部屋を出て後藤先生に電話で相談した。

午後七時三十分頃だっただろうか。後藤先生は当時藤沢市医師会の副会長で、藤沢のかがやき看護ステーションの運営委員をされ、私も委員として同席していたので十分存じあげていた。

よく話を聞いてくださり、「湘南台から僕のところは遠いから、すぐ近くの友人で西郡君がいて、俺よりうまいぜ、頼んでみるからもう一度電話をほしい」といわれたので受話器を置いた。ふと見ると、横に姉上がピタリと私に寄り添っていた。どうなることかと心配でたまらない表情で困り切っていらしたのだろう。

まもなく後藤先生にもう一回電話をかけて、西郡先生へ依頼してくださったと確認がとれ、ヤレヤレよかったとホッとしたのは姉上であったろうか。

一時間近く待っただろうか。かけ込むように白いガウンに大きな革のカバンをかかえておいでくださった診断が、胆石の発作だけではなさそうだ、黄疸もおこしているねと、すぐ病院に電話してくださり、明日入院をしてよく調べていただきなさいと指示を受けた。これがCOCO湘南台でのはじめての往診であった。ホッとした瞬間。

ネットワークの「藤沢湘南台病院の院長は消化器の権威者だから大丈夫、治してくれるよ」と、やさしく八重さんを諭しながら「とりあえず今夜は痛み止めと、何か……」と申されて注射を打たれ、しばらく枕元に座られて「……少し痛みが止まったかい」と確かめるように声をかけてくださっていた。

姉上「優しい先生ねえ……あたしも西郡先生にしよう。後藤先生は遠いから……」。

あれあれご自分のことにいつのまにか話がかわったのは、安心された余裕かしら……。

翌朝、紹介状を届けるから、それを持って病院へ行くように指示があり、本人もうなずいていた。気の早い姉上は入院の準備にとりかかられるので、今夜は落ち着いて眠られて、明日、準備しましょうよ、と申し上げて、部屋を去った。

翌日、生活者の高山さんがタクシーで八重さんを病院に送り、入院の手続きなどすべて万端手伝ってくれ、当日、私も約束の会議を無事終わり、病室を訪ねたら「お腹が空いたの」と訴えられ、たいした病気ではないな？　と一安心したところであった。

まさか二十日後に胃癌の宣告になるとはつゆ思いさえ浮かばなかった。

癌の宣告——長い時間

この日、肉親の姉上は怖くて結果を聞くのには立ち会えず、私に立ち会いを依頼したいと主治医の先生に電話をして了解をとってもらった。八重さんの精密検査について判断が示された。

順序よくスライド式に十枚以上も説明されただろうか。「これ……これですね。胃癌が……」「ヤッパリそうでしたか」。膝に手を合わせていた八重さんの手が思いなしかふるえていた。

続いて彼女は「私も……そうではないかと思ってましたから……」、深い深い溜め息であった。

「先生もう一回説明してくださいませんか？」と私が頼むと、フィルムをゆっくりと動かしながら、これが胃全体で、次……胃の中は別に……次、この胃の出口の……これ、これ……黒いところを拡大してカラーフィルムで細かく説明された。きっと、説明は同じだと思えるけれど、先生も宣告したあとのためか、初回よりも落ち着いてゆっくりと説明されたように思う。先生も辛いねぇ……。

黒い網のようでもやもやした固まり。組織の内部、食物が出る胃の部分の外側に貼りついたコバンザメのように見えた。〝これか悪いヤツメ〟と心でつぶやきながら「わかりました。それでこれからいったい全体どうしたらいいのでしょうか」。

患者や家族が聞きたい質問の定番であったでしょうが。

次のようにいわれた。手術して胃を全部切り取るようになるけれど、その前に胆嚢《たんのう》のほうにも疑問があるから検査をして後に手術ということになるとのこと。その説明の途中をさえぎって、彼女は「手術はいや」と首を振った。手術をしなかったらどうなるのか正直にはっきりと話してほしいと懇願する彼女の表情を見ながら、それはいちがいにいえないが癌が増大してきて、胃の出口をふさいでしまったら、そこに穴があいてしまったり、胃穿孔《いせんこう》といって……大変きわどいところだとのこと。人によって生活にもよるけれど、三か月から一年くらいのうちに、そんな病状が起こってしまっても不思議ではないと申される。聞けば聞くほど、重症で進行性であぶないよと警告されるのであった。

手術はしたくない、しないでと宣言する彼女を促して、「よく相談しますからお時間をください」と私がいい、二人は病室に戻ることにした。

診断を聞きに行くときの病室からの足どりと異なる帰りの足どりの重かったこと。すれ違った看護師さんが二人とも気分が悪いのかと尋ねられて、「今、胃癌だって宣告受けちゃった」と言葉を返す彼女に「一日一日を大事にしましょうネ、ネ」と肩をだいて励ましてくれていた。

歯切れのよい江戸っ子八重さんの姿はそこになかった。そうに決まっているとタンカをきっていたけれど、本人でなければわからない出口の見えない暗黒なトンネルのなかに入ってしまったのだった。

当の私は、八重さんの姉上に依頼されてこの結果を聞く、つまり後見人役だったはず。それが、なんと情けない姿であろう。言葉も出ず、八重さんの肩をいだく優しい行為すらできず、呆然とベッド枠のパイプ椅子にどかっと腰掛けて、黙りこんでいるではないか。

八重さんに促されて、床頭台の上にポツンと買いおかれたリンゴジュースとお茶のパックのシールをはがした。

「水入りだ……」とポツリと我にかえったとき、八重さんがにっこり微笑んで「緊張させてごめんね」と、あやまられてしまった。

二人でゴクンゴクンと、〝水入り〟の時間を過ごした。どのくらい経っただろうか、長い長い時間に思えた。ベッドにガバッと座り直した彼女は猛烈ないきおいで話しだした。それはマラソンのように次々と心を打ち明けていくのだった。

つまり、手術はしないこと、癌であるという覚悟はできていたこと、死んでも惜しくはない、先生がのべられた一年以内に何かが起きたら……「死よね」。

さて一年もつか？　と私に確かめようとされている。その言葉を何度も繰り返して確認され、問うほうも大変なことと思うけれど、問われる私のほうも疲れきってしまった。

私の予言だけれど、一年ということは、まず三年から五年だって生活のやり方じゃないか、短いとしても、終わりまで楽しいことを計画していこうと問いかけた。私に「病気して先に死なないでくれ」と懇願されても〝神様だけがご存じよ〟と歌ではないが、ちょっとふざけてしまったが、いつもの調子が戻った私の瞬間であった。

その時間は三十分から四十分以上もあっただろうか。「私だったら泣きわめいてしまうかもしれないのに……八重ちゃんは、すごいのね。それって信仰から？　それとも私がローソクみたいな消え入りそうな、逃げ出したいような顔をしていたからかしら」と話しながら、八重さんは頼る人でなくて、皆に頼られる姐御肌だから、ご自分のショックを押し殺して私にいたわりの心を伝えようとするかのようでもあった。

その反面、どうしたらいいか、手術をしないと決めたものの、死は誰でもあることなので平気といいつつも行きつ戻りつしていった。

彼女は私に尋ねた。「ね、いつ頃まで頑張れるかしらね」。ハッとした私は思わず「寿命っていうわねえ、ねずみの寿命は二十日で、犬は十三から十八年くらいでしょ。そうだゾウ亀は二百年くらい生きるって……」。思いもかけぬことを口走ってしまった。

彼女はプーッと吹き出して笑いころげた。「あー、節子さんらしい！」と言ったとたんベッドに座り直して、「私きめたわよ！　明日家に帰る。帰りたい！（家はＣＯＣＯ湘南台のこと）ね、いいでしょう？」「うん、そうしよう、そうしよう」とホッとした顔と顔でうなずきあった。

さあ、これからは花柄のセーターでも買って着てみようかしらといった。生きようという信号が出たのだった。

家へ帰ろう。元気な足音や水道管を流れる水の音が聞こえる家に帰ろう。

いま、胃癌の宣告を受けて、胆嚢にも少し転移しているようと告げられたとき、あなたは、七十八年をよく生きたわよね！　と苦笑した。ついでにもうひといき頑張ってみようよ、え、三か月か一年か、これはコンピューターが想定した時間であって、あなたの寿命なんて誰も勝手には決められないのさ。でも、いつか終わりの日がくることの予告はいただくとしよう。

緊張したでしょう。びっくりしないといったって、ドッキリしたもの。誰にも終わりがあることはわかっている。しかし日々の緊張があることは確かだと思う。

予告がないから、私なんか少し弛んでいるし、けじめのないだらしない生活をしているみたい。

しかし、あなたは計画的に深い交わりをつくる終わりへ到達する準備と、惜しみない行動と努力をするでしょう。

友人たちも私もそのお手伝いに精を出すと思う。

無理なことはいわないけれど、三、四年の生活設計をたてて暮らしていかない？　考えこんでいる彼女の心を一方的にたたいていた。

「そのうち胃癌が化石になっちゃうョ……」とか。にっこり笑って、「こうなったら何でもやってみるわ。面白いこと考えていこうか」という本人と目が合ったときだった。「すごい、開き直りそう……」。

癌を宣告されたときは、考える時間をあげないでベラベラしゃべることもいいかもしれない。本人の耳には入っていないことも多いけれど、病院から家に帰る「家へ帰ろう」と、「家に帰ったら元気になれるさ。ネ、そうしよう」と促しながら、みんなも帰りを待っているし、友が横にいる「家に帰ろう」。希望に向かう話のときは目が輝いてくれる。

いままでと変わりなく普段着で横にいる。ジーッと何もいわずに横にいるだけでもいい。

時間を惜しむかのように本人の話は変わっていく。介護が必要になってくるときの準備さえしておけばネ……。

ターミナルケアって、そんなことかもしれない。本人にとっては多少不満足かもしれないけれど、求められることを手伝いながら〝人がそこにいる〟。素人っぽい、それでいい。

高齢者のグループリビングがわが家であり、終わりの日まで、皆の雑音にまぎれこんで生きていく。刺激によって細菌にたいする免疫力が湧いてくるのかもしれない。

地域のなかで生きて、わが家で終わる。

私は再度主治医の先生にお目にかかって、その旨を伝えた。

そのとき、「八重さんが家に帰って、ゆっくりしてから、手術したいと希望されたら再入院してお願いする最後のチャンスのタイムスケジュールはいつ頃まででしょうか、じつは私が、手術しないとおっしゃる八重さんに胃を切ってから再度くっつけることはできないから……帰宅して、また、そのときはそのときで……などといいましたから」。

先生は「アッハッハ……」と笑って「明解ですなあ、切りとって貼り付けられないよね」。

呑気な素人のいうことだなあと思われたのでしょうか。早いほうがよいに決まっている。しかし、ホームドクターの西郡先生とよく相談して、おりおりの協力はしますよ。胆嚢も肝臓のほうもちょっとねえ気になるし……と、私一人なので、シンミョウな顔は消えて断言するように「早いにこしたことはない」というのは当然のことであった。

退院の許可をもらいナースステーションに申し出ていっさいの手続きが終わった。

看護師さんが「明日退院ですって、何かあったらすぐにいらっしゃいね、ＣＯＣＯさんでしょ。みんなで楽しく乗り越えれば大丈夫よ」。

いつものようによくしゃべり、笑い転げる夕食風景がある、きっと笑うと免疫力を高めるとか何かに書いてあったな。八重さんはそんなＣＯＣＯが大好きなんだ。私はいつも笑わせる人、八重さんは笑う人だから。

さて、明日迎えに来るといって、八重さんの姉上にこのことを話しておくと伝えて別れた。心配している皆さんには本人から聞いてといおうか、それとも心配することなんかない、姉上さんがすぐに皆にしゃべるに決まっている。一人で明日まで抱え込んでいられる人ではないから、ママよ。

運転する車のなかで考えた、いっしょに暮らそうと選んだ暮らしのホームメイト、まだ一年もたたないが、何かの縁だ。そのときふと八重さんのお隣のベッドの高齢者のつぶやいた言葉が心にささる。

「小池さん！　明日帰るの？　あなたは帰る家があっていいね、私は退院したくないけど、出されちゃう」と、独居の方のつぶやきだった。

生活者の微妙な出迎え

「お帰りなさい」と顔が逢うごとにあいさつをかわしていく。前夜の食事のおりに姉上から「八重は胃癌だったんですって……あんまり長くないわね」と黙っておくことはできないアッケラカンの姉ちゃんからみんな聞いた。

「あたしがいったっていわないでね。八重が、また、姉ちゃん、余計なおしゃべりだと叱られるからコレヨ」と人指し指を口の前に出した。

ああら、いいじゃないの。だってみんなだって心配していたのだし、水くさいといわんばかり、そんなことは十分心得ていたのだった。

夕食の席で一か月ぶりに顔を合わせた人も、あなたが帰って来てくれてよかったという皆さんの声に誘われるように「うん、わかっていたけれどやっぱり胃に癌があるって、はっきりいわれたわ。デモ、手術するのは断ってきたの……。ああ帰りたかったの。帰れるところがあるっていいわねえ」。
どこからともなく声がして手術すればいいというもんじゃないわね……と。八重さんを肯定する派も多く、応援団の味方にどんなに心強く思ったことだろうか。

心を傷つけない仲間の配慮を私は静かに見守りながら、ＣＯＣＯにともに暮らして七か月目の気持ちの重なりを見たような気がしてきた。十人の共生というこの生活は実験みたいに思われたけれど、いける！　と確信した一つの瞬間でもあった。

帰れるところがある。帰りたいとしきりに思ったけれどお隣のベッドの女性は、帰っても一人で淋しいし不安だから病院に長くいたい、家には帰りたくないといっていたのでかわいそうで、あまり帰りたいといえなかったという話が八重さんから出された。

皆、いっせいに「待ってたのよー」、と声をあげてみんなで病気を忘れて笑いあい、また、いつものにぎやかな語らいに戻る自然さがただよった。

今年は清川村の温泉に行ったから来年は箱根にしようと提案されて、「みんなで行こうね」と確認し合う夕べとなった。

夕食帰りに、私は八重さんに「さあ、八重ちゃんの好物のブドウパンさがしてきてね」と頼んだ。

「まかしておいて」とにぎりこぶしを作って答えてくれてエレベーターを降り、銘々の部屋にわかれ、夜はふけていった。

明日、ドッグシッターのポプリさんに預けたトン平が帰ってくるのを何よりも楽しみにして眠りについた八重さん。

私の独白――どうでもなるさ、みんなでいればこわくない。ゆっくりやろうぜ！　と隣でつぶやいた私はホッとしたのか疲れがどっと出て、一人でワインを飲んで深い眠りについた。

［第3章］　八重さんの日々

八重さんの生活

八重さんの退院後の生活の日課は、春夏秋冬を通して、犬のトン平君の散歩と買い物とミニキッチンで小料理作りに励む姿が見うけられた。

午後は、帽子にサングラスと、ドレスアップして、素敵な婦人は駅のほうにゆっくりお買い物であった。これが日課となった。

ほとんどご自分のものではなく、姉上のおやつと、トン平君のおかずのようだった。

彼女が「姉ちゃんが、甘党なので……」とときに鯛焼きや〃あんこの串団子〃のお相伴にあずかるのは私であった。二時間近くの外出で、毎日重たそうに袋をさげて外出から帰られる。ときに出会うとゆっくりゆっくりウィンドウショッピングもかねて歩いて、人生の整理のように何を考えていらっしゃるのか。

ご自分の胃より他人の胃袋を満たす喜びのほうを優先して、「ねっ、セーツコさん、あなたの好きなクサヤの干物がたった一つあったのよ。お天気の日、外で焼こうね」とか、「珍しくブドウパンと、野菜のお焼きがあったわよ。食べて元気でいてよ」とか。

「ウッヒ！」と喜ぶ私を、妹の健康を案ずるように気遣ってくれる。

この買い物・散歩は、身体のためより、毎日気分転換だと話す。病気を忘れているときでもあるようだった。

姉上には友人が多く、よく訪ねてこられ、二、三時間、ときには半日近く、にぎやかな談笑が聞こえるが、ほとんど姉上の元気な声であった。

みんなの笑い声、八重さんがお茶を出し、ときに海苔巻きなど買い出してきては、用意し、姉上が話し相手で話題は尽きることがないという。その合間に八重さんは気分転換に出かけるのだといっていた。

訪ねてこられる友人も高齢で暇人でもあり、一人っきり独居暮らしの方が多いと聞く。

客人のお帰りのときは、頬を赤らめて笑い疲れ、訪ねて来られたときの表情とうってかわった明るい笑顔で帰られるのであった。

陽気な姉上の話術に巻き込まれ、お茶とお菓子で満足されたのであろう、このサービス精神がおおせいな姉上とのつきあいとなり、病身の八重さんには辛くこたえたのであろうが、黙々とご自分をコントロールしていく姿が、来客、即外出となって、黒いハットとサングラスのレディの買い物行きなのであった。

天下泰平の姉上は、気づくはずはない。買い物から帰って、またお茶の用意をするのであった。

二人の来客は部屋を辞し、玄関に向かいながら「相変わらず元気よね、同じ話で疲れちゃったわ。よく人のことばかりいうわねぇ」と顔を見合わせている。私は「いったいどうなってるのかしら？二、三時間も笑い声をたてて、外に出て、『あ〜疲れた』だって」。私にはわからないつきあい方だと思った。

二〇〇〇年秋のすすきが原レクリエーション

揃って秋の旅・仙石原へと繰り出した。

ワーカーズコープ・おり〜ぶさんのメンバーとボランティアの皆さん、ＣＯＣＯ湘南会員と私たち総勢二十五名、マイクロバスでにぎやかに仙石原のすすきが原をめざした。

自動車は道路の渋滞で、温泉宿に到着したのは午後十二時三十分となってしまい、三時間も要したため、疲れられたのではと気になった。何せ九十歳の方もいらっしゃる旅。計画どおりにはすすまないものである。

運転手の計算では、十一時三十分には宿に入って、ゆっくり温泉を一浴びして、お昼をいただこうと考えたことは狂って、すぐ昼食となってしまった。お腹いっぱいでお風呂というわけにはいかないので、しばし大きな窓からの紅葉狩りとなった。

この宿は、箱根町の福祉課のご紹介、保養所であったので、費用も安くのびのびとできるはずでもあった。……が、交通渋滞の計算は頭になく、楽しみばかり先になっていたせいか、少々失敗だったと反省。しかし、大らかな皆さんは喜んでくださった。ありがとう……。

癌の発見直後。仙石原にて。左が八重さん

習慣とは恐ろしいもので、食後は大方の方はすぐに土産物の売店に足が向いてしまう。ＣＯＣＯ湘南台で待っているのは留守をしてくれるおり〜ぶさんと犬のトン平・ルルだけなのに……。

名物は？　どこにでもあるラッキョのたまり漬け、箱根の温泉玉子。おいしそうなたくあんを求めたのは私。

買い物好きな八重さんは？　やっぱりトン平にイカのくんせい？　甘党の姉上は温泉まんじゅうのようであった。干渉はしないけれど、見えちゃうんだもの……。

仙石原のみごとなススキの大草原の道を散策しながら、澄み透った空気をいっぱいに吸い込んで吐くと、白い息となって秋の箱根を十分に味わうことができた。おしゃれな八重さんが似合う風景でもある。ロマンチック。フフン。

ＣＯＣＯ湘南台の二度目のレクリエーションは、この大草原との交流であったが、少し遠出とはいえ、体力の落ちる八重さんの最後の旅となった。

その後は、彼女を一人おいての旅は辛いので、みんなの外出は自然消滅して、友人同士でラーメン屋やぎょうざを食べに行ったり、コンサート組はまたそれなりに出かけたり、サーカスを見に東京へと繰り出す人もいる。「若いわネェ」組の私はもっぱらニューイヤーコンサートに始まり、おりおり新劇公演の観劇に出るのであった。

みんなあこがれの温泉に興味を抱かなくなった理由は、次のこともあった。

ＣＯＣＯ湘南台の大浴場は三人くらいでも、浴槽でゆうゆうと身体をのばせること、冬も床暖房で寒くないこと、湯船でカエル泳ぎをしてリラックスしたとか、毎日三六五日欠かしたことのない入浴環境が、皆さんのお気に入りで、満足感がほかの温泉欲求にはならないのだった。

八重さんも髪の毛にクリップをして、下町風に洗い桶を抱えて気分よさそうに出てこられるのに出会うと、みんな気持ちが軽くなるようでもあった。

称してＣＯＣＯ温泉、大浴場の隣の一坪のトイレは夜半には、バーと化し、「バー水仙」となる。名付け親は八重さんでもあった。

長く藤沢市に暮らした皆さんではあっても、出生地、育った故郷が、江戸から、南は九州の福岡や長崎県、北は秋田県や北海道であることから、入浴スタイルなどでも個性的で面白い。銭湯に行く下町スタイルはちょっと粋でもある。頭をまいて、洗い桶にタオル・石鹸を入れて……、なんか風情があるなぁ。

おしゃべりしながらゆっくりつかり、のぼせたり、あれ？っというくらい早い人、夜型の私は皆さんが終わって最後の九時すぎに温まる。寝静まる人、テレビを見ている人、個室の電気の明かりが眼に写る。私はかつてカラスの行水といわれたのに、COCOに来ていつのまにか、ゆっくりゆったり心ゆくまで湯船でリラックスするようになったのは、お風呂構造か、環境か、生活者の大先輩方のおだやかな生活が身についたのかもしれない。とても心地よい。

姉上の心情の変化

毎日毎時のように、「妹に先に逝かれてしまう、計算が狂ってしまった」とよく聞くようになった。隣の部屋なので、来客のあいさつがよく聞こえて一人苦笑することもある。八重さんが退院されて一年目、「お邪魔します、ごめんください。何か八重さんがお悪いそうですね。ちょっと、お見舞いにあがったのよ」。しかし当人の八重さんは買い物で留守。「あらお悪いと伺ったもので……」とキョトンとした風情であった。「八重は買い物にでたわ。どうぞどうぞ」といっても友人には電話で「八重がもうすぐ死ぬ」と訴えていたことはお忘れで。

八重さんが癌で余命いくばくもない、かわいそうな愛しい妹だと、しきりに電話で訴えずにはいられない姉上の心情だったのであろう。すわ！　とかけつけた姉上の友人たちは気が抜けたようだ。しかし、いつのまにか爆発した笑い声にかわった。

にぎやかなことが大好き、裏を返すと淋しがり屋の姉上。八重さんとの生活が毎日、毎日ローソクの灯のように細っていくことへの恐怖なのではないだろうか。妹が死にそうなの、と連日の訴えは友人の心に響くものであった。難治性の病気を抱えた家族の痛みははかりしれないものがあり、本人の深層を姉が表現している様子でもある。

　ましてや姉上も当時九十歳である。八重さんに、「お姉ちゃんの淋しそうな後ろ姿がある」と話をすると、「ＣＯＣＯでは食事の心配もないし、お風呂もみんなと入れるし、生活そのものは心配していないが、姉ちゃんは、私が死ぬことより、『八重、あれ食べたいから買ってきて』『八重、薬とってきて』また『買ってきて』と平気だから、その後の不便さを想像して、自分が困ると考えているのでは」、とさらりと答えている。しかし、ＣＯＣＯに暮らしているから心配していないし、西富の家で一人置いていくのではないから、私は心配しないでゆっくりいくわよ、よかったなぁとつくづく思う、とのことであった。

　それより姉上は生きていかれるが、犬のトン平はどうなるか、そのほうが心配で心苦しいことらしい。

　小型犬ならＣＯＣＯには犬好きや、元飼っていた経験者もあり、心配ないといいたいところだが、三十三キロの大型では「任せて」とはいえないし、安心してもらえないのが気の毒であり、とにかく八重さんが、少しでも元気に長く暮らすこと以外にはないのだとしかいえない。

　トンちゃんが八重さんの顔を見、姿を見て一喜一憂して話を聞いている。

　訪ねてこられる方のなかに、自分がトン平の面倒をみるから心配しないように……といわれるが、犬とはいえ、毎日の生活、ときどき励ませばよいものではないことを八重さんは十分承知しているから、その手には乗ってはいかないのは当然である。

　気持ちだけでも嬉しい、地域の方々の親切が身にしみる慰めではあろう。

村野千枝子さん・95歳。

優しい八重さんがだんだんトン平に辛くあたるようになったと姉上は嘆くけれど、辛い気持ちのやり場がないのでしょうね。姉上の辛さもわかるし……。

毎日毎日を味わい深い考えで深く生き、人々の交わり、地域の方の友情を人一倍受け、また感じ入り喜ぶ姉妹でもあった。

見えなかった世界が見えて、犬の散歩で交流した地域の友人の心配りの細やかさに感じていく、普段はさりげなく過ごしていた一日一日が、今は大切であり、感動あり、感謝あり、となっていかれたのが眼に見える。

「八重ちゃんには、私の見えないもの、人々の奥深い愛が見えるのね」と私はよく聞くことがある。

私から姉上には「そんなに早く死の準備をしなくてもいい。死はいずれくることだし、生きる一日一日を大切にされるよう」生意気なご忠告を申し上げる。

なぜなら、癌宣告の一年もたたないうちに、姉上は妹がいつ死んでもいいようにと、妹に祈りと天国の約束を取り付けるように、神父様に願い、病者の秘蹟というカトリックの終末の儀式を依頼し、申し出を受けた神父さんがシスターを伴ってこられたらしいこと。

立派！　信仰心といえばそれまでだが、逆に八重さんを死に追いやっているように思うのは、しがないカトリック信者である私のひがみであろうか。

八重さん元気に一年

堂々と死へ向かう力みが見え隠れする一年であったが、みんなの生活に紛れてか、里芋を植えてみたい、馬鈴薯をつくってみないかなどと話も出始めて、生への自信と慌てることはないとの安堵の芽が見え始めた。心のなかで生と死と行きつ戻りつして時間を惜しんでいるかのようだ。

「一年もつか」の暗示から解放されたゆとりなのでもあろう。さっそく、馬鈴薯も里芋も植えてみた。

胃癌の発見から一年。こうして元気なので皆さんの夕食にお刺身でもパッとおごりたいという。家族同士なのでお互い気を張ることはないとはいいながらも、しかし一方、それが彼女の元気の源になるなら……、と受け入れて、いっしょに魚屋に出かけた。大皿にマグロ、イカ、ヒラメ、平ら貝など盛り合わせてもらって計三千円近くもしただろうか。「散財させてしまうわね」と、恐縮する私。

魚屋さんが名指しで「小池さんにサービスだよ」と愛想のよいこと、このうえなし。よく考えてみると、なるほど、トン平君の赤身のマグロを買う常客であったのだった。ここでも八重さんの、ここに住んでからの交際範囲の広いことにびっくりしたのだった。

一、二年で八重さんはすっかり地域の顔になっていったのである。

魚屋で「お兄さん、いきのいいのを頼むわね！」、ニヤリと笑って「おおっ、わかってるよ」なんて会話がはずむ。

さて、夕食の午後六時、「すごい！」と歓声があがり、私から説明してほしいと頼まれていたので、次のようなあいさつをした。

「えーと、今日のテーブルの新鮮でいきのいいお刺身は、八重ちゃんのおごりであります。計算どおりですと、本日は八重ちゃんの一周忌に当たります（妙なことをいっちゃった）が、普通と申しましょうか。なみにともに生きてきた喜びをプレゼントしたいとのことで、このなかにタイも少しあり、〝元気に生きタイ〟〝たのしく生きタイ〟〝もっと食べタイ〟という言葉が盛られています……終わり」。

「ワッハッハ……、ご馳走様」「おめでたい」とか掛け声がとんで、ついのり屋の高山さんは「さ来年、三周忌もね」との声のなかで、にぎやかなうちにお皿は真っ白になったのだった。

三周忌もやろうねだって……。希望のあるブラックユーモアではないか。

さてそこで三周忌なるものは、弱りながらも無事越したことは申すまでもないが、かなり痩せられたせいか、かつての元気もうせてこられたので、誰もそのことを言葉にする人はなかった。

翌年の夏には姉上が大きなスイカを二つ、近所の八百屋さんから届けさせて、みんなに供したいと持ち込まれたところまではよいが、大きくて冷蔵庫には無理。さて、誰が井戸で冷やすか、「重たいスイカ！」「みんな若くないのよ！」とブーブー、重たいお荷物となってしまったのであった。

当時、姉上九十一歳、私たちも七十歳以上であっても、彼女から見れば、若い娘っ子。威勢のよい力持ちにしか考えられなかったのであった。が、一人一人一病息災という身であるのだ。みんなでいるから鼻息と威勢はよいが、大きいスイカはしばらく台所に二つころがっていた。

当たり前に接する喜び

二〇〇一年、八重さんが発病して二年目の春を迎えた。

花づくり、小さな畑づくり、草取りが好きなのは三、四人いる。私は「草取りの病」だと称して、草が出る初夏から夏にかけては大変忙しいのであった。しかし、取りっぱなし、抜きっぱなしの草が枯れると、八重さんと高山さんが後始末をしてくれるのが当たり前みたいになっていた。

ＣＯＣＯでは十人十色、室内を花でやわらかく、やさしい風景をつくってくれる人、美しい風景画や置物など、自作の絵を掛け替えては慰めてくれる人、台所の布巾やざるを太陽にあてて、清潔にしてくれる家庭的な人、各々がＣＯＣＯのスタッフとなって、いろいろな趣味とこだわりがあるので、十人の小さな世帯は心地よくまわっていくのであろう。

夕方の草取りのときを見計らって、八重さんがお茶の用意をしてくれる。

「何がいい？」と問われると、「冷たい紅茶、少し砂糖入り！」なんて注文すると、喜んで作ってくれて、「おかわり！　氷入れて！」などといいたいことを願っている二人がいる。それは、高山さんと私である。

彼女の足取りは弱々しいし痛々しい。けれど「頼んじゃえ」「甘えちゃえ」と二人はつぶやきながらいつもの調子は崩せない。

「おいしいなぁ！」と二人の喜びを八重さんは自分のことのように微笑んでくれる。

そんなおりおり、ポッと「いつまでもつかなぁ！」「癌が固まって化石化しているかもしれないよ」「そうね」。レイシ（中国煙草）が効いてるのではないか、と煙草の紫煙を見つめながらおいしそうに楽しんでいる午後のひとときでもあった。

珍しいライター、美しく可愛いライターが手に入ると子どものように輝く眼。おりおり、ポケットから出してくれる紫煙ケースも色とりどりで、私に使ってと差し出すが、赤い鹿の皮なんて高級なものはいらないと断ると、印伝とかいっていた。私の趣味ではないと、また断ると、記念にしてくれるか、と問われる。「しない」とまた断ると、「八重ちゃんが天国に行ってさ、到着したと合図したら、そのとき記念にするわ」と笑いあう。

死は決してこわくないけれど、神様の前で恥ずかしい思いをしたくないからと神経を使っているのだというその姿に、八重さんみたいに清く正しく美しく生き方を貫いたのだから大丈夫だろう、ましてあの姉ちゃんと五十年、よく面倒をみたとほめてもらえるのでは……、しまった、あの姉ちゃんなんていってしまってごめ〜ん。

でも八重さんは認めてもらってホッとしている様子でもあった。

口の悪い私には慣れっこだといわんばかりに、「理解してくれるの、節子さんだけよね」と溜め息をついて部屋に帰っていく姿には、まだ背筋の通った強さがあった。

「アノ姉ちゃんと五十年、八重ちゃん、エライヨネェー」。その言葉で、五十年の辛さが消えたといってくれた。何回でもいってあげるヨ！　と笑った。ホントにそう思う。

八重さんと木製の丸テーブルで語った人生の旅

二年はかけ足のように早かった。引っ越しから始まり、八重さんの発病、私のいとこのアルツハイマーの発症などから、あたふたしたこともあったが、二人はいつものようにテラスの丸テーブルで話し込んだ。

彼女は私より五歳年上だけれど、すごく大きく偉大な人に見えてくるときであった。

八重さんはいつもいう。「平凡に生きるって並大抵のことではないのねえ」。

私は彼女の顔と姿をしみじみとのぞきこんでしまう。私は「ね、平凡ってどういうことなの？」。なんでも聞き返すくせがある。これも私の欠点なのか、得点なのかわからないけれど。彼女はくすくすと笑いながら「そのうちわかるわよ」といいながら、ＣＯＣＯ湘南台に来たことは正直に正解であったことを信じてほしいといった。ゆっくりした生活に入って、だから平凡な人生を発見したのかも？

「ふーん、よくわからない」。

今までにない出会いで世界が広がったと思うのだそうだ。彼女がそこで気付いたことはＣＯＣＯ湘南台の皆さんが精一杯社会活動をして生きてきた方ばかりで、考えてみると私は自分の歩いた足あともないのだと語られる。「ＣＯＣＯ湘南台に来て、それがどうだったっていうこと？」とまた聞いてしまった。

「ここで意味の深いことを発見したのよ」。

「たとえば？」。

「広く海外で活動した外交官夫人が、自然に私たちと同じような目線でいっしょになってくれて、差別感も感じさせず接してくれる、出会いを大切にしたいし、私の心の栄養になったという、それに障がい者の皆さんも泊まられ、ごく普通に喜んでくれたりして……」。

「あっ、それ！　私の息子のこと……？」。

彼も春夏秋冬、休みはすごく喜んで転がるように知的障がい者のグループホームから帰ってくる。彼も四十三歳の男性なのであり、皆さんが「一郎君、一郎君」といって当たり前に接してくださることと、母親か祖母がいっぱいで優しく温かくつつまれるように感じているのでしょうね。

「私も皆さんに感謝しているわ」。

「そもそもこの年齢になって理解ができ世界が広がったと思う。だからＣＯＣＯにこれたことを嬉しく感謝しているの、ね、信じて」という。

「そう、私は疑わないけれど信じない質なの」「ええ？」と八重さんはまたまた、驚く。

「ね、そうでしょ。だって皆産まれた顔も違うし、個性も異なるし、世界中似た者同士はいても一人一人違うでしょう。その一人一人価値観が違うって面白いし、違って当たり前。どの行為をも決して疑ったこともないし、しかし信じたこともないわ。だからけんかしたこともない。つまり、クールなのよ」。

「でも節子さんを見ていると、余計なことはいわないけど人間が好きでたまらないっていう感じよ！」。

「それとこれとちょっと違うけど、自分も大事にしたいから、人も大事にするわ。自分が傷つきやすいから人も傷つけないようにしてるわ。それに私は我慢しないし、持ちこさないし、素直に話しちゃうけど、クールなのよ」。

「八重ちゃん、誤解しないで。つきあい方にクールなのは、じつはネェー、めんどうくさがり屋なのよ、キット」。

八重さんは「私はなぜ心が狭かったのかしら」「それはわからないわ。私から見れば大河のように見えるわ、人生ってでも今がよければいいじゃないの。一日一日を大切に、ナーンテさ、あれ、生意気なこといっちゃったー。ウフフ」。わけがわかるようなわかんないような禅問答でいつも幕が下りる。

八重さんは癌の宣告を受けて、心の整理をしているようでもあり、私に人生を教えていこうとしている姐御の気持ちかもしれないが、この私、ジャジャ馬のようなところがあって、現象をズバリ教えてくれないと理解できない欠点がある。

哲学者のような八重さんの人生ってどんなドラマが綴られているのだろうか？

理解したようにみえても、自分のなかで消化しきれないと、「いいわ」ともうそれで終わりにしてしまう。あきらめてしまうような彼女が少々気にかかる。

呑気？「頑固」といわれたり、みんな大当たりである。

私の性格は何ごとにもこだわるし、納得いくまであきらめない。さらりとあきらめちゃう八重さんとは正反対だから、ウマがあうのかな。

だいぶ疲れが……

犬の散歩を朝だけにして、夕方はバイトの青年に頼んだ。若いトン平は、八重さんのときとはうってかわって、いっしょにかけ跳ね上がって出かけて行く。目玉がまんまるに輝いて、午後四時半になると時計を見たかのように、出口に鼻をつけてクスンクスンと青年の匂いをまじかに感じているかのように、待っている気持ちが読み取れる。

八十一歳の八重さんのがんばりもきかず、相当疲れが出てきた様子。

「疲れた疲れた……」と顔を合わせるたびにもらすのであった。食べ物の量も少なくおしてしるべし。痩せてこられる。

朝のトン平の散歩はトッテモ心地よいというが、姉と自分の二人分の布団を上げて、姉上との食事の支度が終わったころ、掃除機の音がしてくる。

洗濯物は機械がやってくれるとはいっても、晴天の日はテラスの外に干し、ときにホームドクターや藤沢駅近くの教会訪問。

二階のリビングでの昼食も三分の一くらい食べて、あとはパックに入れて持ち帰られ、再度ゆっくり召し上がるのか、姉上が食べられるのか、それまでは知らないけれど、二人分の布団の上げ下ろしがきつくなってきたという。

そのほか、昼間はほとんど椅子にかけてテレビを見るか読書で、ごろんと横になることはないようであった。

少しでも快適に！

ベッドを入れて、ちょっとしたときに横になったらもらくちんだし、負担も少なくなり、体力の消耗が防げるのでは……、と八重さんがこぼされるたび、たびたび勧めてみる。もしかしたら、ノンキな姉上が気づいていないのかもしれないので、姉上と二人の前でも勧めてみると、まず姉上に真っ先に断られる。「私は昼食のあと、少しの時間をとってゴロリと横になるのよ。ものの十分かそこそこだけど、身体がすーっとするわよ」。「お昼、疲れをとるのに、ゲストルームのベッドを使ってそこで一休みしたらどうでしょう」と提案したが、姉上から即座に、「八重も私も座っているのが好きなの」と申される（じゃあ、こぼさないで……、とは言えない）。「疲れた」と訴えられた、そのこぼしを聞いてあげていれば少しは気分が楽になるのだと思ったが、ほかの生活者も心は同じというわけにはいかず、「どうしてさしあげたらよいのでしょうか」と心配されるし、「西條さん、そのことを知っていて何の手も貸してあげないのかしら、いや、彼女は知っているはずよ」などと、ときどき話題になっているらしい。

当たり前に、普通に接しよう、と考えている横から、姉上が「もう八重は長くはなさそう」が始まる毎日でもあった。九十一歳になられようとしている姉上の切ない訴えのようでもあり、八重さんを見ている辛さかもしれない。

明るくにぎやかな生活者のなかで、その声は吸い込まれ、平穏な時の流れにもどされていくと、いっしょに先頭をきって話される、いつもの名物話に花が咲いて、今日も一日が暮れていく。聞き飽きた話もあるけれど、戦争中に焼け出されたその後の戦後の話になると、みんな身を乗り出していく。同じ時代、年代は異なっても、芋だんごの話から、すいとん、大豆かすの入った雑炊、田舎に買い出しに出て、着物との物々交換をして、せっかく手に入れたお米を闇米として警察官に取り上げられたなど、二度と味わいたくない戦争に怒り、悲しみ、そして各地の紛争で巻き添えをくっていく女性・子どもや高齢者などに話がいき、今ここにある平和をどう守りぬけるのか、など頭から湯気が立つように怒りと希望がこみ上げてくるのは、いつも一致する話題であった。

元気元気、八重さんも熱中してくるときでもあった。

発病二年目の五月は、さわやかな緑の風が広い庭をまっていく。花が咲き始めたテラスのテーブルでよく二人は話をした。

彼女の話は、あと時間は少ししかないこと。身体の弱い節子さんは身体に気をつけること等、人の身体の気遣いも多いが、死が近づいてきた話も多い。幼い頃からの述懐もあって、そのなかで幼いとき受けた母親からの虐待がトラウマとなって悲しい表情となるときも多い。

五十年間、鎖につながれたとも思うし、私の生涯は決まっていたようだ、そして終わりにせず、ＣＯＣＯ湘南台にきてよかったといってにっこりと微笑んでくれる。

私はブシツケに「八重ちゃん達のことを一卵性姉妹というのかしら、二人ともなくてはならない存在で……」。

八重さんは「宿命ネ」といって空を見上げ、涙がキラリと光った。

八重さんと出会えたこと、不思議にともに暮らすことになったこと、など話していると、八重さんは「最後に神様がご褒美にくださったのね」。これですべて帳消しだといって、テーブルを立って部屋に戻られる後ろ姿を見送るおりおりの日が続いた。後ろ姿を見送りながら、もう悪のりの冗談ばかりいっていられないと思い始めるのだった。

〈第２部〉

尊厳あるターミナルケアに向けて

青空に向かって咲くひまわり。COCO湘南台の庭にて。

［第1章］　八重さんの笑顔が見たい

家路に急ぐ心

二〇〇四年、グループリビングでの五回目の冬を越えようとしている。

二月に入って、何をしなくてはならない、ということはない日々が過ぎていくなかで、私のこのごろの外出はやたら心が重たいときが多い。

いそいそと出かけている去年と違っている。私の加齢が原因か、引っ張りだされる会のシンポジストなどの重荷か、電車に乗りつくのに足が悪い私はそれをとくに感じはじめている。

よくよく考えてみると、やっぱり仲間の病気であろうかと思う。

いつものことで、気づいたのは遅いほうでもあり、前と異なって、電車のなかでビルの乱立のあいだを走るためか、田園や林など外を眺める楽しみもなく、会議の帰途についた。途端、これで家に帰れるのだ！……。そうだった。八重さんに「ただいま！」と声をかけるだけなのだが、心の奥で気ぜわしいのは、八重さんの笑顔を見たかったからだ。それに気づくのが遅いのはいつものとおり。

細くなった腕を出して手を握りしめると「今日はもう家にいられるの？　明日は？」と必ず聞かれる。「明日は、家で仕事！」と答えると「あっ、よかった。安心したわ。身体を壊さないかとか、車の運転で事故がないように……とか、心配しちゃうの、あっよかった」と痩せてしわだらけの顔をくしゃくしゃにして笑顔を見せてくれる。

それが嬉しくて車に乗り換えて自宅へと運転しはじめたとたん、横から警察官の手が出て、制止されてしまった。

「窓をあけてください」。私はサイドブレーキをかけて「何でしょうか?」と怪訝な顔をして聞くと、警察官は「奥様、免許証を!」と催促された。免許証の提示を求められたので、ちょっといたずら心もあって「失礼ですが、あなた様はいったいどなたですか?」と問う。「や、失礼しました」と警察手帳らしいものを示しながら「神奈川県警の者です……。奥様はただいま、シートベルト装着強化月間なのをご存知ありませんでしたか?」と問われた。シートベルトをしていないからつかまったのだと気づいて、免許証と障害者手帳をおもむろに出して、「私はシートベルトをつけると運転がしづらくて、かえって危険ですから、着用しなくてよいと許可を得ていますが」と答えた。

この件では二回目なので驚きはしなかったけれど、若い警察官であっても、悪いことをしていなくても一端ギクリと緊張してしまう。

しかし、近頃の警察官は、現在の世間を背景にしてか、すごくおだやかであった。請求する私に警察手帳を見せて、名乗るなんて可愛いじゃないか……、フッフッフッと思っていた。「失礼いたしました。気をつけてお帰りください」と送られたのだったが、スタートしてから「あっ、時間が無駄」と、いつにもなく頭にきてしまった。ママヨ、こんなことでスピードを出してもたかがしれている。慎重よ、慎重によ、と運転しながら、もはや夕方の陽が落ちてあたりは暗くなってしまった。

何分でもないその時間が長く感じたのであった。

「八重ちゃん、どうしてるかなぁ!」とふと思う瞬間であった。

それから三十分、八キロの距離なのだけれど、夕方の渋滞に巻き込まれて長く長く感じてしまった。

待っている人がいる……、ということ、ともに生活している五年の絆とはこういうことかしらと考えながら。喜んで飛び出してくれるのは愛犬のルルであった。

犬や猫はパートナー

忠犬ハチ公に象徴されるように、一心に信じて疑わず慕って従順な動物として、犬・猫は家族として愛されている。犬好き同士の話題はお互いに和み、話はつきず、時のたつことさえ忘れる。犬でけんかになる近隣の話も聞かないではないが、犬の性質にもよるが、育て方次第でたいがいはこよなく愛すべきパートナーとなるのであった。

犬や猫を家族として迎えた以上は、飼い主は責任をもって最後まで愛情をそそいでいく。しかし主が高齢になったり、思わぬ病気で療養をしなければならなくなったとき、ホームや療養の病棟に同伴することはできないことが多い。というより、ほとんどできない。最近ペット同伴ホテルがマップなどで紹介され、旅行ができるようになったり、ペットが飼えるマンションなども出てきたように思う。

聞いた話によるが、ドイツの病院では患者のパートナーである犬も病院の犬棟に入り、治療・診察外の時間には、ドッグシッターが主人の病室に連れてきて、患者である犬の主人とともにすることによって、療養上のセラピー役になって回復力にもつながると話していたが、うなずきつつ、うらやんでしまった。

日本のホームなどで犬や猫をホームの子として飼っている例は少しずつ増え、生活者のアイドルとして慰めになっている例もあるが、いわゆる高齢者ホームに犬や猫といっしょに入居することは至難な業でもある。

長年つれそい、誰かに引き取ってもらうかにしても、別れは辛く、むごい摂理となってしまうのである。

ＣＯＣＯ湘南台は、ある程度のしつけさえしておけば、多少のルールはあるけれど、犬と同居することを制限していない。

もし犬の散歩が不可能になったときは、それなりの費用は飼い主が負担して犬のネットワーク・ドッグシッターに依頼したり、ご自分の知人の友情でボランティアに個人が依頼されてもよいことになっている。人権、人間の尊厳もさることながら、犬の心や命も同じように心地よくしてほしいからでもある。

犬と暮らすきずな

「トン平は私たち姉妹の〝いのち〟、私たちの〝息子〟」と八重さん姉妹は語る。

犬のトン平君は二歳でＣＯＣＯ湘南台にやってきて、現在九歳。うちのルルより一歳年上。大型犬のシベリアンハスキーと何かの混血で、八重さんにいわせると狼犬の種類だとのこと。

生まれたてのとき、ころころして小さくて可愛いのでもらったが、現在三十三キロのやや大型。こんなに大きくなるとは思いもかけなかったと述懐する話に、トン平は耳をそば立てて〝自分のことらしい〟と聞き入っている。

色は真っ白でハンサムなので、私は「光源氏だ」とニックネームをつけたら、姉上は喜んで、こられる友人方に自慢の「光源氏君」になってしまった。

親馬鹿だとよくいうけれど、一度飼ってみると、犬も猫も自分の家のものがいちばん頭がよくて可愛いと思いこむものだ。紛れもなく私も家の犬をそう思うから。

動物がいることは、手はかかるのは当然だけれど、どんなにか心が癒やされるか、はかりしれないほど存在感は大きい。

犬と人間の相性もあって、トン平君は私とは仲良しになってくれたので、ときどき、トン平君、いや光源氏君にあいさつに行く。大きいのですぐに椅子に座ることにしている。でないと犬が飛びかかってきてころんでしまう。

三十三キロの身体で飛びついて両手で抱きついて、頬ずりして私の耳をちょっとかじってご満足なのである。

トン平君は、八重さんを主人、つまりボスと仰ぎ、次の位はトン平、トン平の下僕が姉上の村野さんと決めているから、姉上にはわがままいっぱい、吠えてだだをこねてくいついている。

そりゃそうだ。「トンコや、トンコちゃん」と、いつでも冷蔵庫から出す、シラス・マグロなどの数々の品数のご馳走も姉上からもらい、「今日はシラスはいやだといって、そっぽを向く」と昆布を少し混ぜて、「これでどう」「これでどう」とお伺いをたて、やっと食べてくれたと喜んでいる。今日

愛犬のトン平といっしょの八重さん。
ＣＯＣＯ湘南台の庭で。

は赤身のマグロのお寿司よ、鯛焼きも好き、いっしょの家族だから、子どもだから、何でもいっしょのもの。欲しいものをあげよう、といいながら、「それにしてもお宅のルルちゃんかわいそうね……」と我が家のコッカースパニエル（メス）十一キロに同情している。

ヒルズのドッグフードか、しつけのごほうびも犬用を使って、人間とは違う見かけは悪い餌だが、当のルルは、こうばしそうに味わって、喜んで食べている。毎日同じものでも、現在十歳なので、老犬用で低脂肪へと徐々にかえてきている。この方法でこの子の前に飼ったミニチュアダックスフントは十八年生きてくれて表彰された。

自分の犬だから煮て食おうが焼いて食おうが勝手とはいわないまでも、お互い育て方にも干渉しないほうがよいに決まっている。

「人間の食べるものを食べたいわねえ。かわいそうに……」とルルに言葉をかけてくださるが、犬は反応しないので、気にしないで過ごしている。

さて、そのトン平君は八重さんに従順であり、八重さんが横になっていると、顔をのぞきこんで動かない。白い大理石のように静かに主を見守っているあたり、名犬のように見える。この子と別れるのがいちばん辛いことのようだ。

そのこともあって、ペットシッターのポプリさんがおりおり家に預かり、トン平君が慣れるようにと少しずつ習慣づけてもいる。

姉上は「私はみるわよ」というけれど、ご自分のことも精一杯のうえに、大きくて強いこの子の世話ができるはずはないが、八重さんに「大丈夫よ！　私がみるから！」と、威勢はよい。「姉ちゃんには無理よ。でもどこにもあげないでほしいけどね……」と、お二人の話はトン平君を中心にまわっているようである。私たちもいつも、その別れは辛いし、さりとて……と、聞かされること。噺家のような姉上が話されると「聞くも涙の物語」になるのである。

私も二〇〇三年、腸閉塞で一週間近く入院したおりは、犬は隣の部屋の友達とともに生活していたが、入院中も会いたいな、と思ったことがあるから人のことはいう資格はない。

退院してきたとき、皆さんからルルが、「トショの羊のように静かでかわいそうだったわよ」といっせいにいわれた。体重十一キロのコッカースパニエルがチョロキューのように走り回っていたずらして歩き回っていたのが、シュンとして哀れだったなんて……。ルルも同じ心境なのであった。だからことさらに八重さんの心境にははかりしれないくらい同情してしまう。

［第２章］　姉と妹、それぞれの気持ち

このスケジュールで寂しくない？

【第一次　午前十時～十二時　ヘルパー　週二回
　　　　午前十時～十二時　訪問看護師　週一回】

八重さんは、初めてのサポートプランを受け入れてくれた。おりおりの入浴は仲間と姉上とでこなしたが、気丈な人なので、ゆっくりと自分流にこなすのが気楽らしく、仲間は見守りながら、それぞれにぎやかな入浴風景と聞く。

みんな加齢しているから、とくに仲間の負担感があるといけないので、いつもいっしょに入ってくれる高山さんにそのことについて聞いてみた。「彼女を見守ってるだけでいいみたい。大丈夫よ。何も手をかけないし、手をかけ、声をかけられるのをいやがるから、そっといっしょに」とのこと。湯船は広いし、「高山さんといっしょに入ると波がきて、浮いて流されちゃう」とみんな冗談をいっているくらいという。

姉上の足元が危なっかしいのに、いろいろと口で世話をやきたがるので八重さんが怒るのだそうだ。

これを聞いて吹き出しそうになったが、安心した。

「八重さんは人の手を借りるのは嫌いだから、自分の力が無理となれば、ギブアップして無理なことはしないと思いますよ」。

〝干渉せず、干渉されず〟の言葉がこんなところに生きてくるのかな。くすくすっと笑う。みんな温かいなぁ。

介護保険がスタートして五年目、どんな状態になったとき何をしてもらえるのか、細かいメニューを話し、相談していくケアマネジャーの星野素子さんが心強く写る日々であったから、八重さんとのコミュニケーションは十分とれているはずと思う。

ＣＯＣＯ湘南台の見学の日のあるとき、こんな質問にとまどった。

一つ目「自宅、つまりＣＯＣＯ湘南台でターミナルケアの最中に、見守る人々が留守のうちに本人が死亡していることが起きないよう、どう防ぐ手立てをしているのか？」。

二つ目「ターミナルケアには、グループホームの住民が交替でみとるのか」。

三つ目「酸素吸入器などを持ち込んでいるのか」。

四つ目「大変でしょうね」。

あ～あ、よくわかってない。と、心では思いながら、答えは次のとおりとした。

まず、ご本人・当事者が、住みなれた布団で使いなれた家具に囲まれ、仲間の生活音を聞き、いつもの交流をしながら最後の一瞬まで生きて終わりたいとの希望を素直に受けることである。

当事者本人の希望を聞き、こちら側のできる支援案を示しているうちに、自然に合意形成ができてくるのでは。さらにケアマネジャーがきめ細かく最良の方法を示していくと、納得して、病人自身も自分のターミナルにいっしょに歩いてくれる。

ターミナルケアをどうしてそんなに気難しく考えてしまうのだろう。家族の死を恐れて病院で死んでほしいみたいになってしまう。

また、反面、こんな方もあろう。有名な病院に入院させたことを自慢して、完璧だったと自己満足する遺族もいらっしゃるが、本人との合意形成を優しい気持ちでできたのかはわからないと思う。

そういう意味を含めて、ＣＯＣＯ湘南台で、個室でどなたもいない寸暇に息を引き取っていたら、のご質問にたいし、病院にいて器具、つまり心電図やセンサーで管理されていても似たようなことがないとはいえないし、私の義兄は朝、眼がさめた妻である私の姉も気づかず、階下に下りて、孫の運動会へのお弁当作りに夢中になって、支度ができあがって、「さあ、お父さ〜ん、行きましょうよ」と呼びに行って「アレ！」っと気づいてびっくり。息を引き取っていた。八十六歳。そのあとは、検死などで大騒ぎになったりしたこともある。

もちろん、不注意はよくないけれど、過失ではない限り、あることを想定して物事を運ぶ考えを持たれたら、何もできないのでは。「完璧って何でしょうか」と質問を返してみたが答えはなかった。

「責任逃れだけ考えていたら、何もできない。その場その場お互い信頼関係のなかで、そのとき最良な方法をみんなで考えることにしています。

二つ目の質問ですが、グループリビングの〝自立と共生〟は、ご存知のように、自分で食事をとる、着脱や排尿排便ができる、といういままでの施設がいった自立とは違う、当事者の自己選択の意味であり、共生だから介護しあうのだと思う考えは間違いでしょう。

支援は多機能にネットワークしているそれぞれの専門の立場に立つ人が介護をします。その相手もできるだけ自己選択したいと考えているのです。交替に入るヘルパーさんを完全に指名するまでにはいっていませんが、ケアマネジャーやヘルパーセンター所長が、何気ない当事者の話題のなかから感じとって、できるだけ相性のよさそうな人をと工夫しているようにも見受けられます」。

三つ目は、「ただいまの病人については、医師や訪問看護師さんが、本人の体内の酸素量を測定して判断しています。前にもそんな質問があったので、『こんな広い庭で木造家屋で換気がよいところであり、また本人の血中酸素量があるので、これ以上酸素マスクなどしたらたいへん』、とニヤリと笑って、私の人差し指にその器具をつけて、「西條さん、九十七％」と笑っていた話をして答えた。

四つ目の「大変でしょうね」に答えて。

「終わりよければすべてよし、一日一日少しでも眼を輝かせて生きてくれるのが嬉しいことです」。

見学者を送りだした日曜日の午後四時、八重さんを訪ねた。

「ご苦労さま」とねぎらわれてしまった。「どうだったか」と尋ねられるので、質問の話をしたら、

「二十四時間ベッドのそばで顔をみつめられていたらかなわない。家だから、庭を眺めて外を通る人や小鳥やカラスも見ながら、うとうとと一人になるのもいいことよ。うとうと眠っていて、息を引き取ったら？　こんないいことないわ！」「ちょっと待って！　八重ちゃん、そしたら検死で、素っ裸

にされて、警察医はたいてい男性で、あちこちつつくと思うよ！」といってしまった。

「あっいやだ、節子さんがいるときに死ぬわ！」とニヤリとしていた。

先日、私が岡山の集会にパネラーになる約束があって、二泊三日留守にするとき、八重さんが、その間に自分が死んじゃったらどうしようと悩んだことがあった。節子さんに送ってほしいからというので、そのときもし死んじゃったら氷づけで待っててもらうから、とおどかしていたら、「待っている、待っているわ。大丈夫よ。安心して気をつけていってらっしゃい。お小遣いあるの？」と余裕の思いやり。病床の温かな心の八重ねえさんの言葉に送られて旅に出たのであった。

姉の希望と本人の選択

姉上は「あくまで八重のことは私がやります！」といっても、疲れはすぐに顔に身体に言葉になって表れてくる。昼間のヘルパーさんは入れられても、夜にいっしょの部屋で寝ることに気疲れが出られるのは当然のことであった。

おりおり、ケアマネジャーから報告はあって、姉上のギブアップの信号が出始めたことを伝えて善後策を相談した。

そばにいるだけでいらいらと神経をすりへらされながらも、決してわがままをいわない妹とはいえ、そのうえ姉上の友人の見舞い客の多いこと、かつて八重さんがお茶出しやもてなしをしていた分、まったく家事になれない姉上のサービス精神が、いっそうの疲れを招いていること、また、そのときは興奮されてか、話し好きな姉上は、妹との五十年史を講談のように語られるのが日課となっているのだろうか。

「八重を守った五十年史……」と。当の八重さんはまた始まった、逆らったって仕様のないことと黙して語らずでもあり、「姉ちゃん、いい加減にしなさいよ」と叫ぶ気力もないのであった。

いつも夜は早く休まれるのに、知人が夜十時に訪ねられたのにはびっくりして、隣の部屋で机に向かっていた私は思わず飛び出して、「すみませんが、今お休みになったばかりのようですよ。明日に願えませんか」とお願いしたときは、ドアに手をかけて「ちょっと、ちょっとだけ」と入ってしまわれた。帰られたのは一時間後。

はらはらして気をもんでも仕方がないことであった。「常識外よね」と生活者は、自分のことのようにプンプン憤慨した。

自己選択に学ぶ

河の淵《ふち》の藻《も》草のように姉上と暮らして五十年力いっぱい生きた。姉上の生活に寄りそって、そのおかげで元気いっぱい仕事もし、交際も広く、右往左往する姉の横で、涼しい顔で自分を演じていたのだろうか。

そうして二人も加齢と同時に筋力が若いときにくらべると落ちるのは当たり前、肉体が二百年も三百年も生き、この世にいたらギネスブックにのるだろうが大変だ。

年を重ねて何があると問われれば、愛と知恵があると答えたい。

体力はないけれど、つまり優しさがいっぱいあるではないか。心のやさしさをさりげなくふりまいていければまわりが幸せになる。そんな時間と場が与えられた余暇の老後であるとすれば十分に利用しない手はないだろう。

八重さんからは勉強したかったけれど貧しくてできなかったという話をよく聞く。また、「ＣＯＣＯありま」には定年になって、中国の北京大学に十年留学した元気な八十一歳の女性がいる。中国語を大学で教えられるくらいのベテランが、地域の子どもに中国語を教えていきいきしている。また一方、太陽をたっぷりとあびていのちを花にかける人もいて、皆を喜ばせている。それも優しさ、大根や小松菜の有機栽培に毎日をかけて、美味しい味を喜ばれるのもそのたぐいであろう。

加齢してくると、〝角がとれて丸くなった〟といわれる人と、〝頑固になった〟といわれたり人格を総合評価して評価されてしまう傾向があるのが、ちょっと不満でもあるが、人生の仕上げの時として何ごともあせらないでいこう。少しルーズくらいがいいではないか。

仕事、子育て、家事から解放されて自己選択が自由になった。

自分の自由を存分になしとげたとき、納得した終わりがあると思う。

八重さんも姉上によりそったのではなく、十歳上の姉上を支えてきた自負もある。が、姉上との生活五十年で自分の意志を捨ててしまっていた。さっぱりした性格というより、メンドクサイ、という短気な面か、アキラメかいつもちらほら見えかくれしていた。

そんなとき、「私は地域で生きてきて、住みなれたわが家で終わる」ことを強く望んだ八重さんの選択は、グループリビングの皆さんを喜ばせた。

皆の心のなかにあった望みを代表したからでもあろう。

一五〇ページの「赤い誓約書」の文は、私たちＣＯＣＯの有志で考えてつくった宣言であり、これも八重さんの病気をきっかけとして発生した意思表示なのだ。彼女からは病気を克服する姿から無言の行動で、私たちにこのような発想をさせてくれたもので感謝している。

〔第3章〕　節子さん、何でも聞いて

教えて八重さん

聞いておきたいことがいっぱいだからゆっくり教えておいてという私に、「何でも聞いて、節子さんの経験してないことを今、やっているんだから」「傷つかないで？」「うん、いいよ」と八重さん姉御はしっかりとかまえた。もう立ち上がれないベッドの上なのに……と考えるかもしれないが、真剣な私は、宣教師のような八重さん、何でも話しておきたい八重さんに二度と聞けないことを聞いて学びたいと必死だった。

「本人が限られてる時間だから、何でも聞いて。今のうちよ」と軽くいってくれる思いやりに、私は躊躇しないでいた。

どっちが患者で、カウンセラーかわからない。これが本当のピアカウンセリングかな、とも思った。

誰も聞くことかもしれないごく当たり前のことから……。「何が食べたい？」「ラーメン」「じゃ明

八重さん（左）のお誕生日に姉上と。
病気の発見から３年目。

日のお昼はラーメンにしよう」。

「次、今、何が辛くて何が迷惑だって思うことあるでしょ」「自分で最後までトイレに行きたいと考えている」。

そのとき、八重さんの部屋にトイレはあるけれどふらついて、ベッドから四メートルが歩けないので、ポータブルを置いた。しかし、それをヘルパーさんに始末してもらうのがいやなのだ。つまり、下《しも》のことは……躊躇するのだった。そうだろうね……ホント。

そのためのヘルパーさんだから遠慮なくしていいのだといったところで、はじまらない。「そりゃそうね」。だれもが思う本人の一番の悩みだけれど、「そればかりは私にもよい方法はみつからないが、まだ余裕があるのかもしれないネ、生きる力があるのだから、その分、気持ちのよいコミュニケーションをとっていこう。気分が晴れるように」「そうして……了解！」と回答があった。

「まだ一つあるの」「それなあに」「疲れちゃうの……」と、八重さんはいう。

お見舞いの方々が八重さんに抱きついて泣くのだそう

だ。それでも当事者である八重さんは当惑してどうしてよいかわからないのだった。私が「そんなときはね、こういったら〝まだ泣くのは早いよ〟って」「そんなにスーッと節子さんみたいに出てこない」と笑う。笑うと痩せた顔がくしゃくしゃになってしまう。

たとえば疲れるから入口に何か張り紙をしようかと考えたが、私の頭をかすめたのはちょっと待てよ、ベッドのそばで読書をしていてもそばにいつまでもいてほしい人もいる。そういう人に限って、張り紙を見たら共感して疲れさせないようにと早く帰ってしまうだろう。

死なないでと泣いたり、わめいたりしながら長居するような人は、張り紙なんか見ないで部屋に入るに決まってる。これはダメだな。ヤーメタ。

姉上がコントロールしてくれればいいのだが、姉上と共通の友達だと、いつものとおり、姉上の独壇場となってしまうと話が長くなる。

見舞客がいるとトイレにもこの姿で立つのはいやでしょうし、口がかわくと氷を口にカラカラ入れるのもためらう。感覚が異なる姉妹だから。

姉上が私やＣＯＣＯ湘南台の仲間にも〝誰々さんがきて八重の姿に泣いてくれたの〟と感動して口ぐせのように発表される。思いあまった私はつい「泣いてほしいの？　泣けばいいの？　私は泣かないわよ。一日でも楽しく少しでも笑っていてほしいから……」と少しきつかったが、いってしまったら、頭の良い方なので二度と申されなくなった。大先輩の年長さんに悪いことをしたとは思って、心で反省したりもしたが、八重さんのためにエンヤコラだと、また、元にもどって反発していた。「八重ちゃん、だんだん心細くてさびしい気持ちになるでしょう、そういうとき私はどうしてさしあげたらいいのかしら?」と聞いてしまった!

「ううん、COCOは人の足音がするとスリッパで、節子さんが帰って来たとか、犬のルルがコツコツコツコツと歩いている足音がするし、聞きなれたいつもの人の動きがわかって気分がかわり、COCOでよかったと思う。それは本当のこと、真実よ」。

「もう一つ聞くけれど、生まれ変わったとしたら……」「何もなりたくない。人間にも……」「そうよね、八重さん神様のそばが一番似合うよ」「節子さんは?」と問いかけられ、あわてた。「神様は誰一人見たことないけれど、それ信じているわ」「しかしCOCOの食事は緑黄色野菜によく気をつかってくれているから、今度生まれてくるときがあったら青虫になっちゃうんじゃないか……と思う」。

力なくまた始まったといわんばかりの顔で笑っていた。

「まじ、実は私から八重ちゃんに頼みたいことがあるのだけれど、八重ちゃんに頼んでいいかしら」。それは亡くなる一週間前のことであった。

「え!　あたしでいいの、節子さんのいうことでできることなら何でもするわ!」と答えてくれたので、神様への手紙を持参して、直接、お願いしてほしいのと依頼することにした。

いつもの調子で「やるわ、まかしといて!」と手と手を握

【直訴状】

今、地球上の至るところで紛争や戦争が起きています。みんな、わずかな人間が起こしたこと。その国々の人々は、どんなに恐怖と飢えに苦しんでいることか、計り知れません。どうか一日も早く、その人々の上に平和の光を与えてください。

りあった。部屋に帰ってさっそく直訴状を書き上げることとなった。

彼女は、しっかり握って「やるわよ」と、眼を輝かせてくれた。

静かに彼女は語ってくれた

アトリエの外にテラスがあり、厚い木製の丸テーブルがある。そこで八重さんと話し込む。いつも八重さんの話。

東京の本郷教会の敷地近くで産まれ暮らした彼女は、厳格な家庭の四人兄弟姉妹の末っ子で、幼いときにカトリックの幼児洗礼を受けた。

長子が現在の姉上、間に兄二人と本人。兄は二人とも死亡。教会の聖堂を遊び場として、神父さんの膝に抱かれ、かわいがられ、親しんで成長した。

父は警察官で酒に強く、酒を飲むと少々手におえなかったそうだが、普段は優しい父親であったという。母は意地が悪く嫌いだった。いまだに母のお墓には入りたくないと話すくらいの問題を抱えて育ったらしい。たいしたこともないのによく叱られ、幼いとき教会のお聖堂に行って、マリア像の前で「あたしは何も悪いことしてないのにどうして叱られるの。マリア様教えて」とせがんでいた。すると神父さんが後ろからきて抱いて慰めてくれた。「本当?」と聞くと、その風景を話してくれてびっくりした。

さるくつわをされ、手を縛られ、押し入れに入れられたのだそうだ。信じられないけど本当だという。泣きくたびれて眠っているところに父親が帰ってきて、見つけて母をひどく叱っていた。「本当

小池八重さん・16歳。

?」と聞き返すと、母親と姉ちゃんもいっしょにやったのだという。その姉ちゃんと五十年、それでも相性がよかったのか、事情があったのか、摩訶不思議な人生を述懐するこのごろであった。

父親は早逝したため勉強好きな彼女はその機会に恵まれず、本を読んで遊び、教会堂で祈っていた。幼い手のひらを合わせて祈る姿。神様はどんなにいとおしく思われただろう。

しかし運命というか、どういうことか。家計のやりくりに、縫い物上手の長女の姉上は和裁をはじめ、またたくまに日本裁縫協会の免許皆伝で、下請けから仕事をはじめ、腕前のよさが評判となり、新橋のきれいどころや有名人の夫人から注文が多く入り、姉上を中心に生計をたてていたよう。縫い賃は高いそうだが、技術的な評価も高いそうだ。その姉上は結婚・離婚を経験している。

八重さんは、若いとき、昔の内務省に勤めていたことがあり、彼女のいちばん楽しく励みのあった時代として、よく話を聞く。

しかし、実母が年をとり、家計を支える姉上の和裁の仕事が忙しく、彼女は退職して家事いっさいを受け持ち、協力してきた。荒物屋をしたり、バーをしたり、歌手をしたりしたともいうが、歌を聞いたことはないのでわからない。

八重さんは、結婚を一回したが離婚した。原因は相手が立場はかなりの方だったらしいが、気難しかったのか、浮気か何かで苦しんだようで、長くは続かなかったという。

「男なんていやだいやだ」と苦笑いして話す。「でもあなたの尊敬してやまない神父さんは、みんな男じゃない？」と、私はまた口の悪いことをいってしまう。

姉上は、娘さんが二人いる教会信徒の男性と再婚。男性も姉上も再婚同士。

下の娘さんは八重さんと同じ年だった。再婚夫婦と二人の娘さん、八重さんと八重さんの実母の六人暮らしが始まる。

姉の夫は大きな貿易商だったが、終戦で会社は閉店同様となり、ほかの会社の役員を多少しながらであったそうだが、人格者で大世帯を受け入れあった。ハンサムで素敵な方でおだやかな暮らしを望まれていたようだ。つまり、張り切り姉上の裁量ですべて良しの生活だったという。

八重さんは、相変わらず家事一切と実母の世話をもくもくとこなしてきたうちに、五十年がたった

内務省製図室勤務当時の八重さん・22歳。

のであった。

へぇ～と驚き、感心する私は「カトリックの信仰があったからできたの？」と問うと、意味深く振り返るように、「祈りがあったからかもね」と静かに答えてくれる。

実母も送り、姉のだんなも送り、娘二人は各々修道女やほかの道を選んだそうだが、姉ちゃんは家事もできない人だし、何もできないので同情して、何となく支配下になったというわけではなかったが、みんなの弔い合戦のように離れずに今日に至ったらしい。

本人曰く、何十年もの家政婦とヘルパーかな……と話すが、あまりに淡々と聞かせてくれるので、異和感もなかった。話し方なのかもしれない。

人生っていろいろ、人の人生ってそんなに興味もないけれど、八重さんはドラマのように、よく私に聞かせてくれる。そして自分の人生を整理し、納得させているかのよう。テラスの丸テーブルで広い庭の花の風を受けて、話して人生の総決算をさせる雰囲気があるのかもしれない。

人のことにはあまり深入りしない私であったけれど、広い庭で風に吹かれながら、私の想像だにせぬ世界の話を聞かされた。

年齢は多少違っても同じ体験をくぐり抜けあの戦争と空襲の恐ろしさ、大勢の市民が家を焼かれ、家族を失っていった東京のド真ん中での生活。八重さんのほうは本郷、私の学生時代は渋谷の寄宿舎だったから、隣り合わせで恐怖を体験していることでは同じ空の下で歩いた痛い経験をしてきたのでもあった。戦争で失われた命はいったい何であったろうと、人間の性《さが》のいまわしさに溜め息をつくのであった。

終戦のとき私は十八歳。八重さんは二十三歳であり、戦後の復興までの食糧難と空腹の辛さは共通したものであった。

情報がほぼ正確に伝わりだした十月頃、沖縄のひめゆり部隊の話を聞いた。私と同年の十八歳の少女が、ガマ（岩の洞窟）で負傷した兵士を看護しながら、全員命を失ってしまったことが看護学校にいた同期の私には救いがたい病根としてそのショックを忘れ去ることはできない。

八重さんと、いつもいつも続く痛恨はこの話。最後に、「神様ってどうして人の心に残酷な戦争を起こさせるのかしら？　いつか直接聞いてみたい気もするわ！」と私。彼女の答えは「人間をおつくりになって、自由ということと、合わせて、英知もお与えくださったけれど、自由を使い欲に溺れ、とめどもなく権力を広げようとする……」「しかし、その人たちは、神の国へ入る前に煉獄に行ってさばかれねばならない……」という。

この世が平和で天国っていうわけにいかないものかしらと思う私の横で、彼女はロザリオ五十九の珠を繰って静かに祈っているのであった。

姉上につかまると、それにまた上乗せして、聞くも涙話すも涙のように、ドラマチックな話であった。

「姉ちゃんに魅力があったのよね」というと「いやあ、終戦後の流れかもね」という。

流れ！　と簡単にいってご自分を納得させているらしい。

姉ちゃんと二人で歳をとり合ってきて、私も家事も買い物もしんどくなるし、で考えていたところに、ＣＯＣＯ湘南台への入居の話があって、節子さんと親交もあったし、縁ね。まさか同じ屋根の下で暮らすとは……。お世辞抜きでよかったと思うとしばしばいってくださる。

とくに、病気を発見して、いつかわからないけど余命が限られているこのときに、つくづくと、この生活には恵まれ、地域の人と犬の散歩を通して仲良しもできて、この地域の方々はおおらかでいいところねぇ、と喜んでくれる。

それが彼女の喜びであるとするならば、この喜びを終わりまで、一日の最後まで続けていきたいと思うのであった。

八重ねえ姉御の武勇伝

藤沢には時宗総本山である一遍上人が建立した大きな遊行寺《ゆぎょうじ》がある。てるて姫と小栗判官のロマン伝説が伝えられている。てるて姫の墓がある小栗堂もあって、てるて姫ファンの的でもあり、かつて東海道五十三次の宿場町の中心をなしていたと聞く。その遊行寺の坂の上に、村野・小池さんは暮らしていた。

一五〇坪近い土地に建てた一軒家は、姉上の和裁の力で取得したのだそうだ。現在は住宅地となったが、当時は草むらの一軒屋であり、村野さんのご主人耕さん亡きあとは、女二人世帯。泥棒に狙われることが多かったようだ。

ある日、腰抜けの泥棒が入ってきたが、八重姐さんがすごんで、謝らせて説教して返してやったという。

一度や二度ではなかったらしいが、やっぱりそのときの恐怖が頭から離れず、武勇伝として夕食にいつもその話が姉上から飛び出す。

「八重は、いざとなったら強いのよ。あぐらをかいてタンカを切って、追い返すんだから」と静かなイメージの八重さんの本当の姿は怖いんだから……と、みんなをおどしてるふうでもあり、たわいない自慢話なのか、さっぱりわからない。当の八重さんは否定もせずニッコリ笑っている。

姉上の得意とする雄弁のおりは、静かに「また始まった」とちらりと流し目で見ている。ときに話が長くなると「姉ちゃん！」と八重さんは足を踏むらしく、「痛いわね！」といって話がストップする。

お二人とも、おばけ・首吊りや自殺の話に興味があるのは、下町の井戸端会議の流れかもしれない。泥棒の恐怖からか、部屋はもちろんだが、庭側のテラスのウッドデッキなどにも二重の施錠がしてあり、長い竹の棒が立ててある。なぎなたのつもりかもしれない。長い習慣がいろいろあって、それを持って生活していけるのも面白く、元気印の源でもある。いろいろな武勇伝は八重さんとともに消えていった。

姉・九十三歳、歴史を消化して明日に生きようとしている明るくくったくない笑顔がおだやかである。

［第４章］　さまざまな自己決定

地域に生きる喜びはどこから

何が八重さんの喜びを支え続けていたのだろうか。

夕方、トン平君の散歩で集まる公園が楽しい井戸端会議となっていたのだ。犬を飼う家は多い。一種住宅地で低層のマンションは建ってはいるので、飼っている猫をときに見ることはあっても、犬はマンションでは見かけない。しかし住宅の五軒に一軒くらいは犬を飼っているようだ。夕方五時ごろになると、道路も日焼けから冷め、あちこちから犬の散歩がはじまり、ＣＯＣＯ湘南台から見て南と西の六メートル幅の道に嬉しそうに飼い主と並んだ犬の姿を見かける。みんな近くの公園に向かって歩いていく。

雨の日は犬もカッパを着用したり、寒い日はカラフルなトックリのセーターなどを着た犬を見かける。雑種からダックスフント、シーズー、柴犬、マルチーズ……。さし当たってトン平君の貫禄が一番で、このへんのボス犬でもある。

犬談義に花が咲く毎日は犬も楽しく、飼い主の大人もおしゃべりの楽しさがあるようだ。

そこから仲間たちの情報交流によって、この地域のことなら私に聞いてとばかりの物知り八重さんも気持ちの合う友達をつくっている。

おいしい店から始まり、腕のいい歯科医から、お月見用のススキの原っぱの場所などまで、幅広く個人のプライバシーに入らないのが上手なつき合いの秘訣だったようだと思う。

井戸端から育った友情が、慰め励まし、八重さんのベッドの生活を飽きさせずに終わりへ導いたともいえようか。

食事の買い物、犬の散歩に通ると垣根ごしに笑顔で手をふりながら行き帰り、八重さんもベッドを起こし、応えている。

村山さんにお手ふり？　杉田さん！　ランキーのお母さん三匹と散歩。ロコちゃん、今日はペー助は通らなかった、どうしたんだろう、などと、街の香りがじかに八重さんに届き、八重さんのガラス越しのお手ふりがないと、心配して庭からテラスごしに、「どうしたの？」と声をかけに来られる近所の皆さん。

「天丼？　天丼が食べたいの？」といいながら、お使いをかって出てくれる近くの皆さん。

そんなとき八重さんは、「今日ネ、天丼のえびを一口食べたの」「鍋焼きうどんを届けてもらって、

八重さんを励ましたい心。誕生日会でサンバを踊る。

うどん一、二本食べたの」とか嬉しそうにはしゃいでいる。「よかったわねぇ」とＣＯＣＯの生活者は喜ぶ。

近くの牧場のアイスクリームや牛乳も喉ごしがよく、喉ごしのよいものが好きで一口ずつなめるように口に運ぶ。だんだん水分の多いものに移行してくるころ、身体が弱ってきたなぁとビンビン感じる日々となっていく。

ケアマネジャーから、仕方ないのだけれど姉上そっちのけで八重さん中心に回り出したので、姉上が少し淋しそう。なのでフォローしないと、と話がある。なんといっても九十三歳。ちょっと気を配ってあげましょうね。「さて、どうしたらいいものか」と静かに問いかけられる。

今しばらくは、八重さんの一日が大事なんじゃないか、とか、どなたか話のお相手をしてあげたらいいけれどネェ。だって五十年史を何回も聞くのもこちらも疲れてしまうし、けっこうヘルパーさんに話をしているらしいけれど、それではもちきれないので、何とか考えましょう。姉上の目線でじっと聞いてあげられる人、百回でも聞いてあげられる人をね。

ま、夕食のときはいつものようになごやかに、しかもにぎやかにすごしていられるのだからそれでいいのでは。お風呂でいっしょになっても「八重がもう死ぬ、もう死ぬ」と半年前からその話だしね。

皆さんは「これは節子さんに一任する以外にないのでは」という。「でも彼女だってこれ以上かわいそうよ。気の毒よ。しばらくは、考えすぎないこと。八重さん中心がいいのよ。姉上は、反面、『八重は皆さんに大事にされて幸せだ』と喜んでいらっしゃるんだから。そうだ、大好物の豆大福を差し入れたらいい。食べ物がいちばんだって誰も疲れないで、しかも罪はつくらないから……」。

辛いでしょうが、話は八重さんの励ましと慰めに移っていく。地域で友情をはぐくまれ、支えられ、そのかげで主役をとられた姉上がちょっぴり可哀そう。

八重さん最後のサロンコンサート

晴天の小春日和、三々五々に七十名のお客様を迎えた二階のリビング。いつものように椅子が半分、残り半分は座布団敷きであった。

床暖房の上の桟敷なので暖かい。

「九回目のコンサートに感動し、十回目のサロンコンサートに姿なく」

地域交流の輪づくりは、音楽が最高である。ＣＯＣＯ湘南台の二階のリビング（三十五帖）で近くの皆さんをお迎えして年二回のクラシックコンサートを開催している。ＣＯＣＯサロンコンサートフアン七十名。

九回目の二〇〇三年の五月の演奏は「チェロで奏でる世界音楽の旅」であった。チェロ奏者の中田有さん。国内外での演奏でたくさんの受賞もされている女性。

シューマンの曲は神秘的で幻想小曲集、フォーレの叙情詩のような作品等の渡辺久仁子さんのピアノ演奏を入れて全七曲を聴かせてもらった。

夕暮れに森をこえていく鳥のように静かなチェロの演奏に魅せられる。聴衆からすすり泣く声が聞こえた。

涙をふいて感動する八重さん姉妹の姿であった。

「魂の奥から慰められ清められた」と語りながらこんな美しい音色、音楽にふれて魂の救いがえられたときだったと思う。八重さんが終わりの月まで「素敵なチェロ」といってこのコンサートの感動はつきなかった。それほど、彼女の命の水を洗い清めたのであろうか。

ときに音楽は悲しみからふるいたたせ、またあるときは慰め、一人一人の肌から血液へと酸素の役割を果たす。人生を応援してくれるメロディでもある。

八重さんの人生の終結を応援し納得させてくれたものとなったに違いない。

クラシックコンサートへの八重さんの出席は最後となり、〇三年十二月の末に開催されたクリスマスコンサートはベッドの上で聴いていたが……。

彼女は、五月のチェロの演奏が最高だったと再三感動し、やすらかで無欲な笑顔になるときであった。

生涯に一つでも満足したという魂の声を聞き続けて十一か月目、彼女は淋しいとき苦しいとき、辛いとき、シューマンやフォーレの詩のなかをさまよって救われていたのかもしれない。

中間治療を勧める――あまり頑張らないで、八重さん

「あたしの願いを聞いてくれる?」。〇三年十二月の真冬に入りかかっていたが、午後のやわらかい陽射しは暖かだった。テラスのいつもの丸テーブルは二人だけの場となっていった。庭の菊の乱れ咲きを眺めながら、話は続く。

「命はあまり長くないような気がするの」と両手のひらを組んで話をしてくれる。爪先は貧血で白く細く、指輪が抜けちゃうと笑っていたが、いつもの冗談はいっていられない雰囲気に飲み込まれていた。

願いの内容は、病院に入院したくないこと、ＣＯＣＯ湘南台で終わりたいとの意志を伝えられた。ホームドクターの西郡先生が心配されて、貧血を少し治して体力をつけるために入院したらと勧めてくれたことへのこだわりであった。

病院で少し元気を回復できるかもしれないから、このまま何もしないで頑張って死に急ぐことはないのでは、一日でも多くいっしょにいたいみんなの気持ちをわかってほしいと伝えた。

病院である程度の治療がすんだら、ＣＯＣＯへ帰ってきてほしいし、そのうえでＣＯＣＯ湘南台でわがままに気が楽なように暮らして終わることが、八重さんにとっても幸せだし、望むことで、私たちにとっても大切なことなのだと、頼むように中間の治療を勧めてみた。みんなの願いと聞けば、八

重さん姉御は素直に受け入れてくれ、必ずつれて帰ってくるからの約束で病院に入院した。

癌を発見し、告知のときと合わせると入院は三回目となったが、病院の先生の勧める輸血は少しでもいやだと拒否した。原因は、輸血でエイズになる話を聞いて恐れていたことと、赤い血が怖いという。まだまだ生きる意欲あり、と判断してちょっと嬉しかった。

八重さんにかつての話をした。といっても四十年近く前の話なのだが、私が胃の手術をすることとなった。当時、輸血は輸血協会への登録者から病院に同じ血液型の人が来て、直接といっても顔を見るわけではなく、血液のみ提供してもらうシステムであった。

私の病室の隣に修道院のシスターが入院されていて、やはり大きな手術をされるらしい。

そのとき先生が私に聞きにきたのは、私もカトリック信徒なので、同じことを考えているかと心配してのことであった。

つまり、シスターから男性の血液の輸血はいやだと拒否されたので、私にも確かめられたのだった。

私は思わず吹き出しそうになったことを思い出して、その話を八重さんに「八重ちゃんも同じようなことを考えてるの?」、と聞いてみた。

八重さんはクスクス笑って返事をしなかった。

病院の主治医には「よく話せば理解される方だから、私も説得してみる」と約束したが、不発に終わってしまった。

そこで点滴で栄養を補給することになったが、意味も少ないことと、また、前の入院のさいは犬好きの患者さんや、看護師がいて、少し気分転換になって居心地が悪くなかったらしい。三度目は、相手になる同室の人はいなかったことなども影響して、二週間で帰宅することになった。ライフサポーターの井野元美奈子さんが退院手続きをかねて、車で迎えに行った。

八重さんは、ホッとした表情で帰宅し、その後は病院の居宅介護支援センター長で、ケアマネジャーの星野素子さんの訪問を受けて、療養する方法を工夫し相談し、また、星野さんが療養環境づくりなど、きめ細かく提案された。

療養のためのご自分のベッドを借りることや、ヘルパーに支援してもらうこと、八重さんがもっと心身を楽に保ち、消耗しない方法であった。

「もう少しわがままにして、今まで何十年も頑張ってきたのだから。もう頑張らないで、ここでみんなで世話をさせて……」と数々の提案をしていくのであった。

私はまた、別の角度からさまざまな療養献立はどうかと勧めてみた。

八重さんは、「そうねえ……」という横から姉上が「問答無用、いらない、八重は私が最後までみる」とおりおりの断りであった。

日々に弱りふらつく八重さん。バタンと夜に大きな音。八重さんがトイレに行くときにふらついて倒れた音であった。

姉さんも八重さんも頑張るなよ！　と祈るように見守って、耳をすました夜でもあった。

しばらくすると、姉上がくたびれてこられ、私に「疲れるから八重は早く天国へ行ったほうがよいのに」というような愚痴が出始めた。姉上曰く、「私が先に死んじゃうかもしれない！」と一日に顔を合わせるたびに申されるようになった。姉上の信号、「助けてー」ということでしょう。

ケアマネジャーと相談してベッドを入れたとき、本人は「楽になった」と喜んでいた。これが肉親だったら〝ほら、みたことか〟と憎まれ口でも出るところなのだと思うが、そこはさめているのか、よくいえば客観的なのか、もっとよくいえば根気強いのか、判断はまわりにまかせるとしよう。納得までは時間との闘いであった。

「八重さん、そんなに一人で頑張らないで」と思わず頼んだ一言の言葉であった。

告別式の相談——自己決定と合意の形成

八重さんは用意周到であり、ご自分が終わるときの準備を九〇％近く述べられ、教会の別れの式の内容、聖歌の選別に至るまで、こと細かに指示をされたと聞く。友人は快く引き受けてくれたとさっぱりした表情で話してくれる。それが死の二か月前くらいであっただろうか。窓口は親友の加藤ひろみさんであり、彼女はよくお世話くださる方のようで安心したのであった。

そういえば、八重さんの部屋からにぎやかな笑い声が聞こえたかと思うと「まかしといて！」とか何とかいいながら去っていかれた三人くらいの方がいらしたと思う。

楽しそうな笑い声は、八重さんの告別式の相談であったのだった。

人間はみんな一〇〇％死ぬことがわかっていても、重症で、長くはないと思っていても明日がある日々に夢をかけていくから救いがある。しかし、手回しのよい式次第までふみこんで話せるものがあるものなのだ。そしてあと数か月の日々。友人と交わり、食べたい好物を夢見て自分の八十数年をかえりみながら、感慨深くすごしているのだろうか。

「さて、私への頼みって何なの？」。

ちょっと恥ずかしそうに、考えを述べられるには、つまり、一般的には教会で通夜をして、聖堂にそのまま一晩そこに残るのが淋しいから……と、申される。オヤ、あなたはカトリック信徒ではないか。神様の祭壇の前で、神様とともに……神様とあなたとのみ語るときとは思っても、やはり人間、とくにこのようなグループリビングで人間臭と音から離れず六年近くとなれば、聖堂での一夜は淋しく感じるものなのであろうか。

「安心したワ、八重ちゃんも人間だったのネ」と、いってしまった私。「わかったわ」と、次の提案をしてみた。みんな家族ではないけれど、食卓や入浴をともにした私たちも同じ加齢している。ましてや八重さんの姉上は九十三歳になろうとされ、教会で夜の通夜、そして翌日の告別ミサ、送り等々は体力的にもしんどいことだと思う。

そこで、どうだろうか、通夜は、ＣＯＣＯ湘南台でＣＯＣＯの友人たちでする。あなたとの親しい仲間だけで一夜をすごしてから、翌日、ＣＯＣＯから車で送り、教会の門を入る……。姉上とヘルパーさん、私とで、そのうしろをついていく。お花で準備された祭壇前に安置することなどであった。

彼女は「そうしてくれる？」と安心してニッコリ！「イギナシヨ」の私の答えに「そうしてー」とすがるように、ここも合意を得たのですっかりその気になられたのであった。

姉上も、神父様が許してくださればそんなに幸せなことはない、妹に「八重は幸せだねえ」と何回も何回も相好をくずしての相槌であった。

何も形式的な義理を強いることをする必要もなく、温かくしみじみと語り合うこと、故人を囲むことがいいこと。

形式主義の姉妹かと思っていたが……、私の自由主義にかぶれたのかも、ワルイカナ。

こうして大小にかかわらず、当事者との会話や、また会話がままならなくても、工夫して合意をえるプロセスは大切なことと、そう運んできたはずだったが、葬儀のことなどは、本人から出されない限りにおいて、日頃よく聞いていても具体的にはこちらから提案できる話でもない。

〝一人で一晩聖堂にいるのは淋しい〟。うーん八重さんらしくない。いや末っ子の八重さんらしい人間性を感じて、私より年上の姉御といって可愛い人間と思えたとき、ククックッ……と笑えたのであった。

「八重ちゃん、あなた、神の近くにいるかもしれないけど、あなたの名は人間ヨー」。また、笑った。

訪問のお客様から飛び出す質問は

「自宅でターミナルケアをなさることは大変なことでしょう」とねぎらいの言葉をいただく。

病気にもよって、急性期の早期治療をしなければならない場合は別にして、慢性期の病状に入ったら当事者の決定が優先することはいうまでもない。当然のことと考えていたので、皆さんが考えるほどむずかしいことではない。

本人の希望にそって、医師、看護師、ヘルパーと日頃のネットワークさえよければ、ケアマネジャーを中心に患者と私たちは長距離の歩道をゆっくり、生活者は旅もいっしょ、他の遊びも語らいも何ら変わることなく運べるものである。

四年余の長い日々の春夏秋冬に肌でふれ、味覚で喜び、何よりも暮らした仲間との交流が慰めになることに違いないのである。

ともに暮らす仲間の励みとともにいて明日も見えることである。

四年余は本人の食欲や体力のすべてが少しずつ衰えてくるのも見える。別れ道に近づいてきたこともわかる。

彼女は死の三か月前まで、お気に入りのスウェーターに黒のカーディガンを着て、椅子にこしかけてテレビを見ていたし、髪をカールして入浴を楽しんでいた。

心ない訪問客は私にいろいろと尋ねてくるのである。ターミナルケアの意義も知らない評論家ぶりに困った数々であった。

「ここは、点滴や酸素の用意もあるのですか」。

「必要があればネ」「本人が望まれればネ」。

つれない回答をするのは、どうしてこんなことばかり聞くのかと私は返事に疲れ、また質問にあきれるからである。

一方、地域・友人方は〝何かお手伝いすることありませんか？〟と暮らしの仲間は率直に、ご自分が手を貸そうとの申し出なのだ。なのに外のお見舞い客は「看護師さん方は入っていらっしゃらないのですか？」「皆さん交代でお付きになる？」「思われたより長くもたれましたね、抗ガン剤など使われたからでしょうね（使ってません）」「八重さん、煙草はお好きだったの、やめられたの」。

全部ハズレでした。

このたぐいに回答したことはない。質問者のお顔を見てにやっと笑っていると、それが返事になっているようだ。本人の気持ちと違っていても困るし、どうでも解釈してくださいなとオモッタョ。

誰々さんとはいわないまでも、この話を八重さんに全部公開すると、「ハズレネ」と、私と同じ答えで笑ってしまう。

お互いに、自然に報告しあっているようだ。病気に関しては秘密をもたないと、病院で癌を堂々と宣告された日に約束したことであったから、チマチマ、ゴソゴソしないのが彼女にとっていちばんよい栄養源であり、薬になっているのである。もちろん、報告や伝え方はある。本当のことを伝えるマジックがある。

さてさて……。訪問客の風邪の咳は困る。非常識！「最後だから風邪を押して逢いに来たの」とは美談に聞こえるけれど、なんと常識のないことか。免疫力のない病人ばかりか、加齢して暮らしている人々の家である。

「インフルエンザじゃないのよ、ちょっと鼻風邪なの。ちょっとだけ……」。

そのちょっとに困る日々。風邪の人は玄関から追い返そう。

〃風邪で熱があるのに馳せ参じたの〃なんて美徳と思う？　と私につかまると追い返された。

［第5章］ 遺　言

看とりの気持ち・看とられる側の気持ち

どう考えても姉上がそばにいる以上は、ヘルパーさんに身をまかせ、さらけ出していくことができない。手伝ってほしいけれど、手をかけてもらいたくない。不思議に姉妹は、身も心をもさらけ出すことができない。それは、幼いときからの成長過程のライバル心なのか、長い習慣なのか。それでいて二人は一卵性姉妹のような関係。

当事者と看護師さん、ヘルパーさんだけだったとしたら、すべてをまかせていけるのでは、誰でもいちばん悩むのは下《しも》のことの一語につきる。

全身清拭もおそらく広いお風呂場での介護つき入浴を受け入れたのであろうと思う。そんなライバル意識が見え隠れすると、重症身障の娘や息子が母親にすべてをゆだねて甘えている姿と対象的だと思えた。母親と違う兄弟姉妹はライバルなのか？

姉に自分の弱みを恥じらいを見られるのはいや。一緒に五十年、どうしても姉を超えられぬ人生だった。

八重さんは一度の結婚にこりて姉の家で生活し始め、再婚は毛頭考えなかった。

姉上は一回目の結婚生活はテレビドラマの「おしん」よりひどかったと話す。結婚生活が続かなかったが、のちに教会のジェントルマンと再婚し自分の空虚を埋めた。娘二人を持つ夫・元貿易商も知的財産のみで経済は恵まれなかったが、夫の人格によっておだやかな夫婦生活を続けている。が、八重さんは、姉・村野夫妻、その娘さん二人、八重さんの実母とご自分との六人家族の食事等いっさいの裏方で暮らしたことが、無言のうちに甘えを捨てて大家族を支える側の裏方になっていったとき、人間って、こんなに我慢ができるものなのか、しなければならない宿命なのか、このことを私には解明することはできない。不可解なことだったけれど、八重さんの心のはしで、ヤケノヤンパチみたいなところも見え隠れもした話も聞く。

ヤケノヤンパチで家は出たけれど、仕えた？　話ってめずらしい人。

自由を選ぶことなくやさしさが必然的に家族奉仕になっては、八十三歳まで生きたとはいえ、ふと想い出しては語ってくれるなかで、彼女のストレスをのりこえていく強さにも脱帽していた。ＣＯＣＯ湘南台に来てから解放されて嬉しいとコミュニティを楽しんでいた。

そこから考えても、立ち上がれない身、つまり重病になっても、意識はかわらず、姉上に甘えて身をまかせる姿にとうていなりえるものではなく、姉上も抱きかかえるようには見えなかった。やはりライバルか。

「カトリックの信仰をもって立派に死になさい」と、ベッド脇でお説教されるのだからたまらなく可哀そうな気がした。

泣くに泣けず、甘えられず、死のモデルを示さなければならぬかのような真剣な姿であった。だから本人は私たちの訪問には喜び、いつもの顔もほころんで、ラーメンやビールの注文となってきたのだった。最後に、ほっとして通いあう水の流れを感じたものだった。ラーメンおいしい！　ビールおいしかった！　その顔と声がいつまでも残り、たったそれだけのことなのに私たちは慰められている。

ヘルパーを断るのはなぜ？

頭で理解していても、かつて自分の部屋にヘルパーが入るのを拒否したのは姉上の強い意志であるように見受けられた。

お客さんでも、ゲストルームに泊まる研修の大学生などには人なつこく積極的に部屋に招き入れるのに、それとは意味が異なるとは思いながら……。

また社会一般の高齢者のケースと同じでご自分の住居、家具、流し、トイレを清掃とはいえ、さわられるのがいやという心理と、とくに明治生まれの方は、整っていないプライバシーを見られる恥と考えてのことかもしれないが……。

姉上は「私が八重を死ぬまで看護します！」とタンカを切るその横から、「ああ、疲れてしまった。八重より私が先に死んでしまいそう」とこぼす日々。

ついには、「八重が早く死んでくれないか」などと、心にもない言葉がついて出て、びっくりするようなことを訴えられるようになった。

ケアマネジャーは、姉上のいないとき、直接八重さんと話す機会をさがして本人の求めを聞き、心のやすらぎの場を持つように努力してくれた。

療養しやすい環境にベッドの位置を八重さんと相談して決めることから始まった。

電動で上半身が上がると庭や、庭向こうのフェンスの道路に友達が行き交うのも見えて、こんなに楽なものだと思わなかったと述懐していた。当事者の選択をかちとったときであった。

躊躇したわけは、病院のベッドを想像していたのか、本音は犬のトンちゃんが横で寝られないことを苦にしてのこともひとつだったようだ。ところが、当のトンちゃんは遠慮会釈もなく、三十三キロの体重で、八重さんのベッドに上って八重さんの細い手にあごをのせているではないか。

姉上の支配は大きく、力ない妹にかわって、前に前に決め事をして走りだす。八重さんの様子がいつになくおかしいと気づいて、おとなしく上目づかいに何かいいたげな表情である。

「星野さん（ケアマネジャー）がね、私がこのまま心配かけていると西條さんの神経がまいってしまって倒れてしまうかもといわれたわ。ごめんなさい。私はＣＯＣＯで終わりたいと西條さんに打ち明けたら、『もちろんそうよ』と共感してくれた。反対に、姉ちゃんに毎日毎夜、入院しなさいと説得されて辛いのよ」。

廊下の立ち話であったが、西郡先生が私に「八重を入院するように、と説得してほしい」と姉上から申し出られていたと聞いたが……。先生は聞くだけで、私にまかせてくださった。八重さんにはそのことは話していない。

本人にも説得してらしたのか！　それは辛かったでしょう。気づかないでごめんなさい。「よくわかった。八重ちゃん、大丈夫、安心して。八重ちゃん流儀でいくわ。〝まかしとけ！〟とね」。

本人の笑顔でとけたのは、私たちはこの家でターミナルケアを、と思い込んでしまっていたけれど、思わぬ見えない壁が本人の前に立ちはだかっていて、本人は悩んでいたことを知らないでいたことに気づいた。

いつまでも生きていてほしい、あなたの望みを受け入れ、プログラムの第二・第三の支援体制を用意していたのだった。

「大丈夫。ここから出ないこと。本当に、約束ゲンマン」。「大丈夫」と私は答えた。それを信じたとき、彼女がすべて受け入れて裃を脱いでおだやかな眼つきになったようだった。五十年ともに歩いた姉上にはそむきたくない、かといって、最後のチャンスは私に選ばせてと悩んでいたのだった。

ケアマネジャーの星野素子さんがスピリチュアルケアとよくいわれる、その星野さんにはすっかり心を開いてわがままに生きる最後のチャンスへ導いてくれたのであった。

スピリチュアルケア……、魂の救いの序曲が始まったときでもあった。

八重さんの選択と遺言の運び

八重さんの希望にそって、ＣＯＣＯで療養生活を送ることを約束したこと、それができるように手配したことなどを、心配してくれている生活者に報告したとき、安心の声と励まし合う声と、私へのいつものあつい労りの言葉が温かった。

「私に何かすることありません？」と皆さんが手を貸そうとしてくださる。

看護師やヘルパーさん、おり～ぶさん方が皆でしてくださるから、八重さんと遊んであげて！な

姉上と八重さんに「ダイアナ」を歌う筆者。

んて思ってしまうのは軽すぎるかしら。しかし、そのことも八重さんに報告したら〝遊んであげて〟とは、……と、笑い出していた。

〇三年一月末、医師の西郡先生を中心に姉上方と私とで話し合いをもつこととなっていた。

先生の往診が終わり次第アトリエに集合して姉上の気持ちにも十分に理解を示し、姉上の労をねぎらいつつ、八重さんの希望にそって、最後までＣＯＣＯで送ることを再度確認しあうこととなった。

したがって、姉上は、二階のゲストルームを利用して、ゆっくり身体を休めてほしいこと。夜はヘルパーや状況によっては看護師も入るなどを具体的に提案した。

少しきつい理屈をいってしまったが、「病院は治療をして回復を目指すところであって、死にに行くところではないのです」。とか、いってしまった。

かつて家族の方々は病院で手厚い治療や看護をうけ、薬石効もなく逝去といったことが当然のように報告され、家族が、病院で手を尽くしたのだと別れの悲しさを慰めた時代もあったと思う。

もちろん病気にもよりけりであろう。しかし八重さんの場合、あきらかに難治の癌であり、本人が「ここで」と強く望まれていることであることをしっかりと受け止められることができる体制もあった。

医師の西郡先生も「そうだそうだ」と共感してくださって、いつでも往診するし、心配しなくてよいと口添えくださったことも心強く、やさしい先生に涙が出そうで感謝の言葉が出なかった。

姉上に「お願いだから、もう病院に行けといわないであげて……」と懇願した。

姉上も下町育ちのきっぷの良さ。「わかりました。私はゲストルームで休みます」と、あとはご自分の布団でないと眠れない話や、生活小道具を運ぶ話などになる九十三歳で、無理もないよく頑張る方だ。

ＣＯＣＯ湘南台には、家政労働など、当初から受け持ってくれているワーカーズコープおり～ぶの皆さんが、ＣＯＣＯのすみずみまで知って、二十八名が交代で活動を続けてくれている。「おり～ぶ」も役に立ち助けたいし、何でも申し付けてと、話してくれたおかげで助けられ、姉上の生活用品いっさいの移動は、彼女たちのグループに依頼するために代表の青谷逸子さんに願った。すると若いメンバーが飛んできて、姉上の事細かな指示を丁寧にこなし、またたくまに二階に安住の場をこしらえてくれた。

「よく休めるわ。八重を皆さんにまかせた……」と。また五十年史のおしゃべりが始まった。これは元気が戻られた証拠であったと考えている。

どんなに姉ちゃんが病院行きをすすめても、私たちは頑固に八重さんをＣＯＣＯで守るからの言葉を彼女は信じていたが、西郡先生を囲んでの四者会談で、姉ちゃんも休める手当をしたこと、もう二度と病院に行けばいいのにといわないでしょうから安心してねと話したら「私、こないだ節子さんに姉ちゃんの入院のすすめでプレッシャーを話してしまったあと、もうゼーンゼン気にしてないの、節子さんを信頼してるから。姉ちゃんも上で休むっていったのね」。

「姉ちゃんは死ぬのなら早く死んでというけれど、神様はそんなに簡単に許してはくださらないわね。私にやることがまだ残されている、話していかなければならないことがいっぱいあるのだもの」といいかけて、私に頼みたいことは次のことであった。

勉強が好きで学校へも進学したかったが、お父さんが大酒好きで、収入はみんな酒屋の支払いで終わってしまうから貧しくって勉強もできなかったのだった。そんな想いを生かしたい、勉強したいけれど学費のない若い人たちが大勢いると思うから、自分の預金が残ったら、その方々に使ってほしいことであった。

しかし、身内でもない私が、八重さんの残ったお金を自由にできるはずがない。気持ちは十分わかっても私にはできないと断る。すると、みんなに話しておいてもだめかと聞かれ、あなたのご意志を生かすのに正式な遺言書が必要なこと。それ以外は姉上やご親戚の方が、あなたの意志をよく汲み取られて実行してくださるようにお話されたらどうか、この話は私の事例としては現実的ではないので、あなたとの約束はできないと、いままで生活上の希望について出来得る限り受け入れて工夫してみた私が、その話になると簡単に〝ハイヨ〟と首を振らないことは、「ごめんなさいね」とあやまっていた。
誰も疑ってはいないけれど、誰も明日のことはわからない。

〝個人のプライバシーと同じ、個人の財産にも関係はしない〟というのが、ＮＰＯ法人ＣＯＣＯ湘南の鉄則であり、私個人の信条でもあるから。また、常識でもあろう。

優しく思いやる八重さんのなかに、一つの心残りが勉強したかったことなのであった。それを遂げてさしあげるのは家族しかないことで聞き置くことにした。

すべてが終わったあと姉上や、ご親戚の方々から「八重さんの意志をどこかに」と申し出があり、ペルーの子どもたちを支援するために日本で懸命に働いて支援している在日ペルー人グループが主催している「グラシアス・アミーゴ」に寄付をされた。

グラシアス・アミーゴという組織はペルーの奨学金といえようか。ペルー事業部が受け入れて、貧しくてもまじめに勉強していこうとする高校・大学生を育てている。本人の受け取った写真や手紙を添えて報告されている。

八重さんはもう自由の魂であろう。きっと、勉強にいそしむその姿を天国で見守っているはずである。

日本の五十万円が、ペルーのアミーゴ支援奨学金の一年分に当たると責任者の眼は輝いていたのをつけくわえておこう。

わずかといえども、一人を助けることさえ生涯でそう実行できることではない。彼女は、素晴らしいお土産を残してくれたし、また、姉上やご親戚の方のご理解にも感謝している。

二〇〇三年二月二十日緊急カンファレンス

みるみる病状が悪くなるのが手にとるように見えてくる。吐き気に加えてベッドに座る気もおきなかった。

西郡先生、看護師の方の診断や経験からの判断も加えて、ケアマネジャー星野素子さん、訪問介護ステーションおおぞら所長の看護師の青木千秋さん、ヘルパーステーション「あかり」の嶋村里絵さんとコーディネーターの私とで現状報告をしあっていった。あくまで、現状報告と、彼女の意志である延命はしないで、痛みをとって……という希望にそっていくことを確認。

先生と、チームと私たちが、すぐにいつでも連絡をとりあい、緊急サポートできる体制を確認しあった。

二十五日、姉上のほうから、もう無理と思うから、そのときとあとの話の相談をしたいと申し出られて親戚の螢子さんと八重さんの親友加藤ひろみさんと四人で話し合った。

「八重さんにまかせられているので、いっさいまかせてください！」と心強い加藤さん。

しかし、それだけで、ハイ！　よろしくというわけにはいかないので、刻々と時間を追って、神父様のことから一つ一つを確認しあった。〝船頭多くして船、山に登る〟の諺がある。その話し合いにそって、加藤さんにお願いしようと思った。なかなか威勢のよい船頭さんのように見受けられたが、何といってもそのとき、喪主である姉上は九十三歳であることを、くれぐれも念頭において行動を起こしてほしいと依頼した。

日本の伝統的に続く別れの式について、日本の形式的な話をどんどん変えるので、加藤さんは少々困られたかもしれないが、心をこめる祈りの方式とは別であろうと快くやさしく受け入れてくださった。

五年余の短い暮らしとはいっても、毎日の暮らし、同じお釜のご飯を食べた仲間、八重さんの希望を、テラス（庭）のテーブルでも、食後のリビングでも手にとるように聞きもし、わかっているつもりの私。それに姉上の心意気は若者すら追いつけない迫力はあっても、加齢による体力、疲労を極力避けてさしあげなければと。しっかりガードしなければならないと自分に言い聞かせていた。

「式等に関してはいっさいおまかせしましょうね」と姉上と話した。姉上も納得。しかし、前後については、ＣＯＣＯ湘南台の生活と生活者との気持ちを大切に運んでほしいので、ＣＯＣＯは、ワーカーズのおり～ぶさんに助っ人していただいて、心から温かな静かな送りをしたいとの希望を述べた。私のいい方は静かだがそのときになると意外に頑固で譲らないのが私の癖でもあり、悪いときも良いときもあるが、姉上を中心に親戚の螢子さんと細かく相談し、優しい心の八重さんらしく、しかしすべてご本人の希望のままに。

八重さんを満足して天国へ送るために……八重さんの代弁者であった。皆さんに感謝の心を残し、さわやかに……と。

自己選択と合意

ケアを受けるとき、本人に了解をとる前に紹介する。八重さんへの紹介は次のとおりであった。

ケアマネジャーは、藤沢湘南台病院三〇〇床ベッドの居宅介護支援センター長として街の一軒一軒を車で走りまわり、相談にのり、助言もしてくださる。れっきとした看護師であり、街の憧れのケアマネジャーでベテラン。その名は星野素子さん。

静かに耳を傾け、相談者のそばにいて心を癒やしながら励ましていくやさしい力は、体のどこから出てくるのだろう。不思議？　わたしはわかるような気がするけど……。

その愛の泉、私の後輩ながら全然頭が上がらない。彼女の宝は？　猫の〝玉吉〟と〝チビスケ〟。八重さんはニタッと笑って受け入れてくれた。ヘルパーステーションあかりの所長小川良子さんは三人のお母さんで、管理栄養士兼ケアマネジャー、見るからにたくましく、いつでも胸に飛び込みたい、いつくしみの人。

八重さんに話したことがある。「あのね、八重ちゃん、すべてをマカセテ大きな森のなかでさ、ゆり籠に寝た気分で、何でも頼んでごらん！　握手してごらん。あなたの貧血がとんで血液が赤くなって燃えてくるから……。大好きになるよ。彼女は愛想はそんなにないわよ。だけど、八重ちゃんは、ペラペラ愛想いわれるの嫌いだものね。きちんと真実をとらえてくださるあなたの好みのタイプよ。だから、その下で働くヘルパーさん方は、素朴だけれど、内心は結構デリケートで……私の好きなチームなんだ」。

本人は少々不安そうだったが、受け入れてくれたと思う。大事なことは、自己選択と同意のプロセスだったように思う。

八重さんが住みなれた家でみんなに囲まれて、自分の布団で……、そして延命しないで……と。あとは痛みをとって。

細かく希望を聞いて、先生に伝えて、ケアマネジャーに伝え、また直接求めてもいる。細かい本人の希望とはいえ、いざサポートのメニューとなると拒否されたりもした。しかし、ゆっくり、本人の耳に入れておけば、小出しに何回も手をかえ品をかえて話していく。

話し合いながら一緒にメニューを工夫してもらうように軽いタッチでいった。

吸呑みなんて使わないでストローにしようね。なるべく半分起きてお湯のみでお茶を飲もうね。

「おいしい」。

八重さんだけではない、誰でもいちばん嫌なことは、下《しも》のことについて世話になりたくない。私だって同じ。どうしたらいいかしら。きれいにしたいしね。姉ちゃんにも席をはずしてもらって、看護師さんかヘルパーさんと、八重さんだけ！　部屋に突然人が入ってこないように、そのときは鍵をかけるなどなどと話し、看護師さんの青木さん方などの人柄紹介や、ヘルパーステーションの小川所長からも必ずヘルパーの紹介と本人の了解を求めた。

こう書くと、心ない人は、すぐ「大変ね」と慰めてくれるだろう。しかし、大変なのは当事者であり、私たちは当たり前の手伝いをしているにすぎない。

八重さんの性格を存分に知っていれば、中間に立って調整していくのも当然のことでもある。

当事者の性格、病状と、メニューのハーモニーの合わせ方にすぎない。

「もっと素直になんでも受け入れてくれればいいのになあ」と思いがちだけれど、それでは、我慢かあきらめかを強いてしまうのではないだろうか。

病人が納得のいったときの表情は明るく、むしろ積極的に生きようと協力してくれるものだと発見できるはずでもある。

やさしい合意は、たとえ意識がうすれたとしても、えられる方法はたくさんありそうだ。

「ちょっといたずらして悪かったね」。

足がむくんできたので、しゃべりながらさすっていたら「節子さんが疲れるからやめて」という。「でも気持ちいいと思わない？」「うん」と返す。「ここも押しちゃえ」と足の裏を押したらくすぐったくて指を曲げて抵抗したようだった。

「私、八重ちゃんに返事しながら、口も手も動かすわ。どっちもいっしょに動かせるんだから」とニヤリと二人で笑った。「終わりー、またねー」「このマッサージスペシャル三分、三千円だな」と笑った。

「腕もやる？　折れないように五分…五千円…」とか、楽しくやれば相手も気持ちが軽くなるようだった。

軽い会話、軽くはずむ音、それは心地よいらしい。

「私、ドラ声でゴメンネー」……そしたら「ソプラノよりアルトが安心よ！」と答えられた。

つきっきりでやるのではない。ちょっと様子を伺いにきたとき、ただ横に座っているだけでも安心される。立ってるだけで、いかが？　なんていうより、このほうが私も楽だから病人もそんな感じがする。「おすすめ品」です。

［第6章］　旅立ち

たびたびのサポートカンファレンス

ＣＯＣＯ湘南は、一般的に使われている小規模多機能というホームに介護支援、デイサービス、よってては診療所（病院付き）の暮らしとなっている。ＮＰＯ法人ＣＯＣＯ湘南のグループリビングはすべての機能を地域の社会資源との共生を多機能とし、それをベストとしている。たとえば、居宅介護支援センターやデイサービス、訪問介護支援センターにしても、家政労働すべて複数多数のチームとネットワークしていくことをモットーとしている。

だから介護付きといって、自分たちの組織にすべてを備えて、「お待ちしています」ということではない。これは一見親切そうで安心があるように考えるけれど、そうとは思えない。それでは選べないから。

本当は地域にある資源と提携して協働していくことにより幅広い地域の人々と交流が広がり、地域資源の体質が強くなり、よい支援の競争率も高まり、ひいては支援を受ける側のメリットが大きくて、さらに自己選択の自由がある。他の施設が理想どおりにいかないのは、大勢入居しているホーム等の例を見ると、全部自前でセットしているにもかかわらずシステムが回らないこともある。また、利用者の満足感が少ないのは、管理的と地域との閉鎖性によるのではなかろうか。

グループリビングＣＯＣＯ湘南台の初めての経験、癌患者のターミナルケアを本人の希望である「自宅で」については、皆さんにとっても私たちにとっても願いたいことであったのだった。

プログラムにそったケアときめ細かい連絡網を確認していくためにカンファレンスをしていくことによって各チームとの強い絆ができ、意志統一がはかられ、お互いに心強いものになってくるに違いない。

ケアマネジャーと当事者の意志が風通しよくすすむ。しかし、八重さんの我慢強さ、またよくいえば意志が強く、話しても無理では？　と思うことはいわないところがある。しかしその、多分無理という部分はいっしょに暮らすコーディネーターがわかる限りそっと代弁したりもする。

看護師は、さりげなくラベンダーオイルで手足のマッサージをしてくれる、と本人から喜んで報告があった。「香りのメンタルサポート」、精神面でのやすらぎでもある。ちょっとしたことが、彼女を救っていた。

八重さんの大好きなラベンダーの香りまで、話のなかから上手に聞き出して、そのオイルで手足をマッサージ。香りで心が癒やされ、やさしくオイルでなでられてどんなに心地よかったことか。アロマセラピーとかいうらしい。彼女からニッコリ微笑んで報告されると、私までリラックスして嬉しさが込み上げてくるのであった。

「よかったわねえ」、八重さんはすぐ「ね、節子さんがいってくれたの？」「ウフン」と「八重ちゃんの顔に現れてたんじゃない？」と、八重さんと私は微笑む。

「富良野、行ったことある?」と聞かれて話は北海道へとんだ。「一回行ったわよ。ラベンダーの花咲く前で、そのときは菜の花が一面にきれいなときだったわ。すごいすごいって表現しようか、広大な北の一面が黄色のジュウタンなのよ」と話をしていたら、彼女は窓から青空を眺め眼を輝かせていた。富良野に心が行ったのかしら。

「もうこのままその菜の花のなかで眠ってしまったら幸せっていう感じがするわ」「え? 何それ、なんのこと」。

「もう終わりたい、いつまでもいや」「ホント?」。

弱々しくも本人がよく話してくれるのでつい聞き返してしまうと、丁寧に「ここで死ぬことってとてもよかったのよ。皆さんに感謝しているのよ。ホントーなのよ。だけどもう疲れっていうか、気力が抜けたっていうか、早く終わらないかなあって思うの」。

「疲れてしまったのねえ」と聞き返した私に、「だから、終わりたい、死にたいしてもこわくも何もないのよ」。

つまり欲も得もないっていいたいようだったのだ。

いつも手を握って話してくれる八重さんの手の力はまだ強いから……。よく頑張ってくれているとその握力で感じることができる。

風前の灯火って、このことかもしれないが、私だったらわめいてしまうだろう。それともその力も失ってしまうか。

西郡先生から「明日は無理かなあ」と、看護師が聞き、緊急カンファレンスが開かれ、再度の対応の確認をしあった。

八重さんの強い意志を尊重して延命措置をしない方法を話し合った。他に各グループともいろいろと打ち合わせに入った。

——その夜は心さびしい夜となった。私のほうが滅入ってしまいそう。でも八重さんの前では、いつものように振る舞おう。

冗談や悪ふざけはしないけれど、今までのこと、いっぱいの感謝を心から述べようと思って眠りについた。

さよなら

別れの会話。午後三時前。

「八重ちゃんね、いっしょに暮らして一六七九日なのね」「へー、よく計算したのね。節子さんらしい」としみじみと感想をもらす。「引っ越して別れるのと違ってさー……、暮らしのメイトという友情をそのままいっしょに抱いて、この気持ちのままあなたを天国へ送ることができることってなんだか……わからない寂しさはあっても、私も友人たちも、別れぎわというまた角度の異なる友情って、また格別ね。犬を通しての友達同士、ぎょうざに誘いあって出かけた友人、なにかうまのあった時間を満足した瞬間の友情でも、そのままお互いの胸に抱え込んで終わるって美しいと思うわ。八重ちゃんと人生の終わりにこんな交わりができたことを、感謝してるし、いろいろ教えてもらったわね。もちろん神様のご計画にも舌をまいているわ。八重ちゃん、ちょっと照れちゃうけれど、本当にありがとう、心からね」。

二人、多少センチメンタルになって、目がうるんでしまった。

「八重ちゃん、神様のところへ行きたい？」「皆ともいたいし、疲れたし早くいきたい」「天国行きの往復キップを買ってあげようか」「いやだあ、片道でいいのに……」。

八重さんの苦笑。

「ネ、ビールが飲みたくなっちゃった」。

姉上も「さっきからビールが飲みたいってしきりにいうのよ。大丈夫かしら。看護師の青木さんに話したら笑ってらしてなんともおっしゃらなかったけど」「え！　ビール、うんいいじゃない。友情に乾杯しよう」と二階から缶ビールと細い素敵なグラス、八重さんの好きなグラスが届く。パシン！　蓋をあける威勢のいい音が響く。琥珀色のビールをつぎ、八重さんのグラスにもなみなみとついだ。コップの音がカチン、カチン、カチン。ストローで飲んだグラス二分の一。

「あー、おいしい」と満面の笑顔でご満足。

「こんなおいしいもの……」とこのごろにない満足感にひたったときでもあった。

流しのギターといきましょうと、私は覚えたばかりの「禁じられた遊び」を枕元で弾いた。つぎ、「ふるさと」……♪「ここまでしか弾けないや、うさぎ追いしかの山、小鮒つりし……」ここまでで終わり。

手を握って目と目を合わせたら彼女はポツリと涙を流して、でもほのかにピンク色になった頬はゆるんでいた。横で姉上が「八重！　よかったねぇ、ビールを飲んで……。青木さん（看護師）びっくりするわね。ヨカッタ、八重！　幸せネ」といっしょに喜んでくれた。

コップから飲んだビールが最後の水となってしまった。「ああ、おいしかったー。あー」と。そして、あと、氷のかけらをころころと口のなかで動かしていた。氷のかけらも小さいものになっていった。

終わりよければそれでよし

「また朝を迎えた」という吐き気がひんぱんで疲れが出て、「うとうとして目が覚めて、生きてたんだと思う」と話す。

二月二十九日。いつも日替わりのスタッフの皆さんにビールの話をされ、感動されたと聞く。有名になっちゃった。

弱々しい声、息づかいも苦しそうだが、彼女は力をいっぱいしぼるかのように、しゃべり続けた。神様へ私からの直訴状を持っていかねばならないと、会う人に一人一人に話しかけていたという。手を握って「私は重大な仕事があるの」と看護師やヘルパーさんにも、生活者にも、友人にも目を輝かして話してくれたと聞いて、彼女《オヌシ》やってくれるな！　期待してるぜ、と心で叫んだ。

だんだん声の力も弱く、話してもビールの話と、皆さんといてよかった……天国へ行って神様へ節子さんからことづかった直訴状を届けなくては、と左手をしっかり握っていたと聞く。

「うん、しっかりやるわ！」。

八重姐御の最後の返事であった。

当日はサポートの方が入れ替わりついているので、私はアトリエで新聞を読んでいた。姉上から「八重が少しおかしい」との声かけで、彼女のそばに行くと、呼吸は浅くて、小鼻が苦しそうにピクピクし始めていた。

看護師の青木さんの携帯電話に緊急連絡する。

見えない世界で緊急連絡網はまわり始めていた。

看護師が飛び込んで、次にヘルパーステーションあかりの小川良子さん、西郡先生は横浜から指示をされていた。急いで帰宅の途につかれたと聞く。

その日が訪れた。意識が少し薄れて、浅い呼吸であった。手を握ると握り返した。

午後、青木看護師が、血圧が下がり始めたと西郡先生に廊下で携帯で連絡していた。ヘルパーステーションの小川所長にもすべてのスタッフに連絡が入った様子。

心音はしっかりしているとか電話の声が耳に入った。

姉上は椅子の上でロザリオをくりながら祈りを始められた。

八重さんのほっぺと唇の色も変わり少し冷たかった。頬を手で温めながら、八重さんの右手を握って「八重ちゃん！　ありがとう！　私の声が聞こえたら、手をしっかり握ってね……」。

日が暮れて、カーテンがかかり、淡い光の下で言葉をかけた。

四時半も過ぎただろうか。彼女は、ギューッと手を握り返してくれた。

「八重ちゃん、みんな、そばにいるのよ。ね、もう安心していいよ。苦しまないで、ね。ありがとう……と……」。

耳元で私の声もかすれていた。

大きな深い呼吸で答えてくれたのか……。それが終わりであった。

「ああー八重ちゃん……」と看護師さんの手にゆだねた。

出張先の横浜から西郡先生がかけつけて下さり、「皆さん、よく頑張ったね」と八重さんと姉上と、まわりをねぎらってくださった。

今頃だけれど私は前より優しい気持ちになった。

先生の瞳と一言は、一丸となって送ったみんなの心を慰め、いたわりとなって緊張からときはなたれ、みんな優しい表情にかえっていった。

みなさん、ご苦労さま。ありがとうと何回も、私も姉上も続けていった。そのときは笑顔になっていた。

八重さんの長い努力、落ち込みや悩み、痛みと薬、苦しみと、コミュニティの励ましがぐるぐると頭をかけめぐった。

この素朴なターミナルケアが完成したとき、みんなの表情はいっせいに、にこやかに、なんとふくよかな表情だったでしょう。喜びに似た表情だった。

生活者に手をとられ、静かに安心して天国へ召された、八重さん。

生活者の高山さんが八重さんの顔をなでまわして「いっしょに暮らせてよかったー、ありがとう」とお互い感謝しあって……と姉上の報告。

「あたしの終わりのときも八重みたいにしてほしい！」「え！」「いますぐではいやデスヨ」と、憎まれ口も今は彼女（姉上）に心地よい響きとなっているようにも思える満足感をいだいてくださった。

生活者は誰ともなく、「はやくからサポートを受け入れられていたら、もっとどなたも楽しかったでしょうに」と話していた。ホント。でも、それは結果論で、経験がないから一人一人違うしネ。理屈と現実の違いよネ。そうよネ。こうして終わりに感謝しあって。

終わりよければすべてよし、としよう。

静かな夜

三月一日。

静かに終わりを告げられた夜。西郡先生は八重さんと、姉上と、みなさんにいたわりの言葉をくださった。物音もない一人の死のまわりにたちつくす人。八重さんの顔をなでまわす人。数分は、そして感謝の祈りのうちに天使が八重さんの魂を天に運ぶときだったかのように、みんな八重さんを見守っている。

白いガウンの先生は、聴診器を右手にいつまでも持ち、皆のほうに向きをかえて立っていらした。やっと、やっと一言「先生、ありがとうございました」といえた瞬間、止まっていた機械がいっせいに動き出したようだった。

姉上をうながして、アトリエに行った。

看護師さん、小川さん方が、彼女の着替えをするときだから、またみんながいると、八重さんは恥ずかしいというに決まっている。現実に引き戻された時間、姉上から「節子さんお願い」。

姉さんに「落ち着いてね」、先々のことに気づく姉上なので、少しは時間をおきながらすすめたいし、打ち合わせしたシナリオどおりに連絡しないと、姉上流儀にするとハチャメチャになってしまいそう。船頭が集まりすぎても、加藤さんも困るからと心を抑えて話をした。

すべての打ち合わせを八重さんの気持ちにそってすすめよう、と加藤さんに頼んだ。加藤さんは、携帯電話を片手に準備に入ってくれる。

すでに八重さんは、仕立て下ろしの黒の着物に衣を替えて眠っているようだった。顔に白布をかけないでおこう。あの白い布をかける風習は何なのかよくわからないから、自然に、と……話し合った。「八重さんの嫌いな人がこられたら、かければ……」なんて冗談もいう余裕があった。姉上が「八重は嫌いな人はあまりないけれど、一人だけある……」「死人に口なしねえ……」で消えた。

「死人に口なし」と昔から伝えられていて、ご自分の意志を伝えたり訂正や口答えができない状態になったとき、すべて想像や憶測で故人のことはいわないこと、という言い伝えの意味であろうか。故人もまわりもＣＯＣＯの生活者のみなさんの温かい声に見守られて送ってほしいと望まれた。

看護師青木さん、小川さん方の清拭が終わる。ラベンダーの油だったのか、香りが部屋を包み、かすかに廊下に流れていた。八重さんの好きな香りだった。

笑った毎日、悩んだ病気、お風呂のお湯を入れる当番の間、本を読み、祈っていた八重さん。「まかしといて！」とニコッと微笑む八重さん。今夜、直訴状を左手に「まかしといて」といつもの調子でいるのかな。

心のこり——ひとことほしい慰めが残ったけれど

喪主・村野千枝子さんには、養女が二人おいでと聞く。一人は修道院のシスターで関西に在住されている。一人は東京……。

シスターになられた娘さんの話はよく夕食のときのテーブルに出され、彼女の大きな誇りであった。しかし、この六年、まだ一回もお会いしていない。

八重さんと同居で同年配くらいで、それは想像に絶する家庭であったろうと、かいま聞く。しかし、八重さんは天国の門の前に立ち、すべてのことを許し感謝して去ろうとしている。一人ずつに、関係を思い出しお礼を述べているのであろう。

しかし、村野さんの義理の娘・誇っていた娘の別れのあいさつはなかった。姉上の気持ちはどんなに寂しかったろうか。

その悲しい心を察してか、一言も発せず、八重さんが最後のミサの日にも義理の娘を待っていた様子は表現できない。

「え、八重、姉ちゃんときょうだいするの?」「うん、やはり姉ちゃんだ……」。二日前「姉ちゃん、天国いってもきょうだいしようね」。

そのときの姉上の表情は、何にも勝る至宝の顔であった。

「ね、八重、もう一回いって!」。

「姉ちゃん、天国でも姉妹しようね。姉ちゃん、ありがとう」と、細い弱々しい声で何度も姉上にいった。

村野さん、聞かれましたか?「うーん、姉ちゃんはそれで満足よ、いうことないわ。天国いってもきょうだいしようって……。いってくれたの、いってくれたの……」と、涙を流して喜んでいた。先生にも友達にも、誰にも話すのは、その喜びであった。いってくれたの、と花びらをふりまわすように皆に話していた。

信仰の裏に聖家族としてつくった村野家だった。そして、そこにむしろ助けに入った小池八重さん。しかし、出ていった義理の長女は修道院、次女は一般人。義理とはいえ、祈り道を歩いた姉妹のように育ったシスターが、なんと音沙汰もなし。私は不思議と話題にしなかったが、「それぞれ都合もあることでしょうし……」と深入りはしないようにした。

宗教戦争っていうくらいだから、イスラムとカトリックならいざしらず、同じカトリシズムのなかで、死の前に許し合う言葉がほしかった。態度がほしかった。血はつながらなくても他人であっても、祈りは一つ。いま天国へ。許しあおうと……。

逝く姉妹をなぜに送る言葉ひとつなかったのか。信仰は儀式のためではないはずなのに。なぜ私はこんなにこだわるのか、それはヘルパーに支えられながら喪主をつとめる九十三歳の老婆があまりにもいたいたしく見えたから。もし、その横に養女のシスターがせめて支えていてくれたら、と。

強気の姉上は口にこそ出さないが、その後何百回話した養女の話は、プッツリとふれなくなった。祈りってなんでしょう。

二晩目のわが家

約束を守ったよ！　ＣＯＣＯでゆっくりお休みなさいね。ほら、みんなのスリッパの音やルルの吠え声。ちっとも寂しくないでしょう。

昼間は、地域の友人の方が次々に訪ねてくださった。八重さんの好きなカサブランカという白い百合が届けられ、十五帖の部屋は、香りでむせ返ってくる。あたしはこの匂いあまりネ。

「少しお花をテラスに置きましょうか?」と私。「いや、八重は花好きですから、これで……」と姉上は申されるが、もしかしたら鼻がワルイのかな？　みんなむせ返ってしまうので他の方法として、部屋の風通しをよくしていく以外にはない。アレルギー性や喘息気味の人だっていると思ったけれど、ままよ、家族の姉上はなにか興奮していないとおさまらないので主役のままにしようと思った。

夕方、神父様がおいでくださって、祈りながら皆でシーツの片方に手をかけて、納棺をした。

姪の螢子さんと私がビロードに包まれた品の良い黒の棺を選んだのは、日頃、清貧と祈りに暮らした八重さんを天国送りの晴れ着に、フンパツしようと話し合ったのだった。

姉上も自分のことのように賛意を表してくれて、「なんのぜいたくもせずに生きてきたんだものねえ、こんなことはぜいたくじゃないわ」と、喜んでくださった。

さて、落ち着いた夜は、サポートの方々のチームワークの話に尽きた。

ターミナルケアをずっと見守り、心強く支えて働いてくださった「ケアマネージャー」、デリケートで病人によりそう「看護チーム」、家族のようなヘルパー「あかり」のみなさん、「おり～ぶ」が支えてくれた優しさ、みんな、一つ一つの「愛」の力が結集したことにたいして、素晴らしい、安心した。「すごい、すごい」とありったけの声で賛辞が送られ、感心と感謝に変わっていった夜だった。

誰ともどこからともなく「八重ちゃん、幸せね」の声とともに、何千倍もの姉上の感動と感謝が伝わってきた。

八重さんのやすらかな顔。

「私のときもみなさん、よろしくね。八重のようにして」と姉上は何回も宣言した。年長なので、そのように思われるのか……。「二〇〇歳を超えられたらよ！」「いちばん最後カモ」といじわるな私はすぐからかってしまう。これは、私の個性なのか、いくら天国へ送ったと安心していても、姉上にしてみれば現実に一人ポッチになった悲しみがあるでしょうに。反省！　のときでもあったが、姉上は、つまり長生きしてくださいよ、という予告であるのだと気づく頭の冴えたお人であるので大丈夫、ウフフフ……。救われた、と。

単純な人、あなたは神に救われる！

地域のなかで生きて、わが家で終わる

そばにたくさんいてくれる人がいる。そばにいてくれる人がいる、友達もいる、「あなたの病気は癌でした」と宣告を受けた。このとき、人はみんな死と孤独を受け止めて緊張する。一回どん底のような気分を味わっていくのでは。

見えなかったまわりのこと、家族、友人、経済、家具、すべてが見えてくる。しかし、病気の発見であって死の宣告ではないことだと少しずつ雪解けのように思い出していく。

生きる時間を予告されたのでは、と理屈で考えてもすんなり寄り添えることではないが、そばに友がいたら心が解放されるのでは。細い糸口から、声や物音が入ってきて孤独と死の思いと人の生活の音が入り交じってきて、そこに生というエネルギーがいやおうなくわけ入ってくるのではないだろうか。

人々がそばにいるのを感じていこう。

だから、病室からわが家に帰りたいと思うのは当然。わが家には、湯沸かしのヤカンが待っていて熱い湯気のたつお茶、にがいお茶、うすいお茶があり、コインスタンドの紙パックではないから、人の手のぬくもりがある。

そうはいっても、わが家に受け入れるスペースや余裕があるのかどうか、その条件が整わないのが現実でもある。

このテーマを追ってみて、グループリビングでのターミナルケアがごく自然に運んだのは、当事者の自己決定のスタートに間違いがなかったことと、地域支援グループの力があったから。

介護の過程において、当初は本人以外の家族から拒否されることがたくさんあったにせよ、当事者がしっかりわが家を選択したことから残りの最後まで一日一日を楽しく過ごせたのだろうと思う。

小池八重さんの発病から終末までの暮らし

コーディネーター　西條節子

経過	患者本人	支援側	リビング側	その他
病気が進行し始めた頃 1999年11月（78歳）	腹部激痛の訴えから始まった病気の進行。	“大丈夫よ”といいつも痛みに苦しまれる。赤信号を感じた。	後藤先生から西郡先生に連絡、夜9:00に往診。	人前で弱さを見せるのはいやだと思う、江戸っ子気質であった。有無をいわせず医師を入れた。仕方ないもの。ゴメンネ。
その後1ヵ月間入院	胆石？黄疸も？入院の指示。翌日、藤沢湘南台病院へ。検査の結果胃癌。肝臓に転移？		住人の一人、高橋さんが付き添いタクシーで病院に。後日、診断結果について本人とコーディネーターとで正直に話合う。	
本人の希望がはっきりと出始めた頃	手術はしないで暮らしたい。退院して養生したい。勇気のいる決断でした。気丈な方だ。	病院側も了解され、何かあったら、その時々で治療しようという話し合いが出来た。	よく話し合い、本人の選択に沿って生活していくことにした。帰宅後すぐにご本人から住人たちに胃癌を告白された。	手術して胃を全部取るか、いろいろ悩み行ったり来たりしつつ、「胃の外側の癌だからこのまま頑張ろう」と二人で結論。（八重さんと西條）

2001年頃（81歳）	9歳年上の姉上と同居。平常通り生活。疲れると折々こぼす。気分転換に良いと毎日買い物へ。	支援システムのあることを情報提供しているが･･･。折々に支援体制について話すがNO!	部屋をベッド生活にしたら楽なのではとすすめてみるがNO!病人と意識しないで普通にお付き合いすることにした。	犬の散歩を午後だけバイトに依頼。静かな昼寝をゲストルームでしたらとすすめて見たが‥NO!
2002年頃（82歳）	日に日に痩せてこられた。好きな物を買ってきて食べる。「こんなに生きるとは」とよく話していた。	ケアマネジャーに折々報告。訪問の際、いろいろ相談にのっていた。	死ぬ話をよく聞くようになる。姉上の方がその話が多い。不安なのだと思う。住人はそれらの話を上手に受け入れた。	好きなものは？タバコ・ビール多少・ぎょうざ・バナナ・イチジク・柿・桃・メロン・スイカ･･･
意志の強いすごい方だと敬服した頃 2003年（83歳）	3回入退院を繰り返す。貧血がひどいと医師の話。	ケアマネジャーと部屋の使い勝手を良くする相談。ベッドが入る。（喜んでおられた）	栄養剤（医師から）を私も飲んで見たが?でも、一口でもねと励まして･･･。	人間の出会いと信頼関係は深くなり、生と死について話をされる。前向きなすごい力。
2003年～ 2004年3月1日	支援体制を全部受け入れ、安心。	ケアマネジャーの忍耐強い話し合いで心を開かれてきた様子。支援関係者の皆さんを信頼しきっての最後。	時を待とう。準備万端整えて待つこと。ギブアップのタイミングを見ていた。	終わりよければそれでよし、と考えていこうと思うしかない。八重さんの精神力に脱帽!

『地域に生きて　住みなれた家で終わりたい―在宅ターミナルケアの記録』（発行・ＮＰＯ法人ＣＯＣＯ湘南、2004年）より

〈第３部〉

自己決定と合意形成

――自立と共生のグループリビング

重いスイカは生活者の手にあまる大きさ。でもCOCO湘南台の庭で採れたりっぱなもの。

［第1章］　ターミナルケアを支えるもの

家庭と同じ感覚で

みなさんから「自分の暮らしている家でよくターミナルケアができたわね」、とよくいわれるのだが、「あらどうしてやらないの」という感じに思っているのである。

完璧に、なんでもやろうとか、なにかいわれないようにしようとか意気込んでしまうと手も足も出なくなる。昔から自然に家庭でやっていたそのものを現在は訪問看護やヘルパーなどいろいろな機能を使って、やっていけるのではないかなという気持ち、自然な気持ちでいるのである。

私たち生活者は十名。そのうち私一名がコーディネーター。同じお金を払っているから、同じ意見を述べながら暮らしているけれど、七十代から上は九十五歳だから、ターミナルケアがおきるというのは当然のことだろうと思っているのである。

のびのびとだれでも心豊かに暮らしたいと、みんな望んでいる。反面、寿命百歳時代、嬉しいような怖いような感じがしているわけでもある。

わが家で死にたいと希望なさる方がたくさんいても、実際に三〇％弱くらいの方ができたかな、というような話を聞いている。いろんな講演会や勉強会・研究会に出て、交流しあってみんなでいろんな勉強をして、させていただいて、できた話。私自身こんなに勉強するとは思っていなかったのだが、貧しくても苦労しても、最後に癒やし癒やされて、自由と尊厳の生活の機会があったら、こんないいことはないと思っている。どんなにお金、財産があっても、誰かに気を使って、または嫌われて孤独で寂しい人生をおくっていくのは虚しいだろう、つくづく最近、この暮らしで「ああよかったなぁ」と思っている。

ターミナルケアができたというよりも、本人が地域の住みなれたところで、ここの家で死にたいと自己決定するには三年くらいの人間関係ができて、柿の木の実が熟したころ、私はここで死にたいと自己決定できたと思うのである。グループリビングに集まったとたんだったらどうだったかわからない。三年たって人間の情という味が出てきてお互いの良さも悪さも、信頼関係ができてきたところだったわけである。

次の五項目はこういうような生活の過程があって、そしてそこに到達したという、前座である。生活があって、そこから自己決定して、終末にいけたという、そういうことの参考に、心豊かに暮らして、グループリビング生涯型暮らしの到達点ということで、五項目に分けてみた。

（1）暮らしの尊厳

小規模な暮らしのコミュニティのなかで自分の意思でいろんなことが自由にできる。喜びを見つけることができる。

ひとつは住まいの環境。都市型、郊外型、田園型といろいろあるだろうけど、それぞれ個性があっていいわけで、私たちのところは、住まい――暮らし方、そのうえでまず考え、住まいの空間、光、音を配分しながら三年かかって、喧々囂々《けんけんごうごう》で何とか作り上げたところである。心のバリアをとる問題と第二の心のバリアをとる住まいの環境が大事かなと思うのである。

とくに木造であることが大事。鉄筋コンクリートの素敵なホームがたくさんあるけれども、小さな金の座布団を敷いてもらってもうまく座れない。私たちはぼろではないけれど、適度な座布団があって自分の居心地を作ることができる。金ではなく、心地のよい座布団に居心地よく座れる、そういうところだろうと思っている。

(2) 地域と共生する

町内会と交流していくことは、ただ町内会員になっても隣近所、マンションがあったり一戸建てがあったりで、適度に付き合うが、なかなか話すまでにはいかない。そこで、サロンコンサートを年二回開催することをはじめたわけである。もう通算で十五回開催している。

二階のリビングに、四十名しか入らないところに七十名入って、座布団を敷いて、生のクラシックを聴いて、コーヒーか紅茶を飲んで、ビンゴゲームをして。近所にビラを配ってまわるから近所の方々が知らない同士でも「アラ」、と、窓が開いた感じで八年が過ぎていったわけである。近所同士の交流がうまくできていった。これは読けていきたいし、ご近所の方も期待していらっしゃるものである。心地よいクラシックのコンサートを聴いて、気分が悪くなった話は聞いたことがないもの……。

(3) 地域の資源はいっぱい活用——地域の福祉力を高めていく

訪問看護ステーションとヘルパーステーションとかいろいろあるわけで、そのなかで、質が高いところをどう選ぶかというと、口コミで聞いたりケアマネジャーに聞いたり、いろんなところで聞き耳をたてていて、「あそこの訪問看護ステーションはちょっとダメよ、検温してパッパッパとやって帰っていくわよ」「あそこはきめこまかくて、いいわよ」、とかいろいろ情報がある。それとケアマネジャーの紹介をしてくださるところとネットワークを結んでおく。

自分たちで、医師ともネットワークして独立して訪問看護をしたいと、訪問看護に燃えてつくった訪問看護ステーションは、仕事に燃えているから非常にいいと思う。そういうことが今度のターミナルケアでわかったわけである。また、日頃利用している病院の訪問看護ステーションもある。しかし、病院を利用していないと、いきなり訪問看護だけとはいきにくいようである。

ポイントはケアマネジャーだと思う。ケアマネジャーが縦横に私たちがいろんな所とネットしているいい医療・介護機関を上手にマネジメントができるかどうか、介護メニューをたくさんつくって上手に信頼関係をつくっていくことができるか、優秀なケアマネジャーを見つけるのが大事。

私たちのケアマネジャーは、九六年のグループリビング研究会発足当時のときから、居宅介護支援に燃えていて、そのときはソーシャルワーカーとして参加してくださっていっしょに作ってきた方。だから、私たちの望んでいるいろんなことがよくわかっていてくださる。

もうひとつは往診してくれる医師がいること。今は往診をしてくれる医師を探すことが至難の業になってきている。

風邪をひいたくらいで、熱がでたくらいで病院に行って、待ち時間が長くて帰ってきたらよけい悪くなる。それよりも、往診してもらえば、ちょっと診てもらって応急処置してもらって、それで危なければ病院へ行く、そういうふうにしたほうがいいんじゃないかしら、と考えたわけである。昔と同じ。

どういうふうにして往診してくれる医者を求めたかというと、私たちのこのグループリビングのシステムである医療・介護との連携は初めてのことなので、医師会の会長さんのところに理解を深めてもらおうと説明に行ったのである。「医師会に説明したらいいよ」という話で、二十五名ほど理事の先生がいらっしゃるところに行って説明したのである。初めてのことなので、「ホー」という感じで、あまり関心を持ってもらえなかったのだが、説明をして資料を置いてきたのだった。

そういうことをしているとCOCO湘南台の近くに西郡克郎先生という方がいらっしゃるからと紹介していただき、私たちの考え方を理解してもらい、「何かあったら協力しましょう」とこたえてくださり、「初めてのことなので、よろしく」ということで帰ってきたが、それからターミナルケアに向けていろんな助言をいただいていくのである。

(4) 食事・家政を支える人たち――ワーカーズコープおり〜ぶ

一九九九年まで専業主婦の皆さんが、有機栽培の農園に集まっておりおり野菜づくりをしていた。その名は「レインボーファーム」といった。

そのメンバーが育って、このチームは「おり〜ぶ」と改名して、グループリビング開設当初から家政労働として参加してくれた。

最初、八名くらいのメンバーがＣＯＣＯ湘南台の共用部分の清掃の参加から始まった。月・水・金曜日の九時三十分から十一時三十分、ふたりでのべ一五〇坪の四〇％をしめる共用部分を受け持つのである。

九九年四月、高齢者グループリビングＣＯＣＯ湘南台の設立をきっかけとして、地域社会に役立つ働き方をしたいと考え、藤沢市内の四十歳から六十歳代の女性が集い、ワーカーズコープをつくった。

モットーは、「まかせて安心」という信頼関係をつくりながら、ご自分方の経験を活かして、ひろく地域社会の高齢者、また働く女性の子育てのお手伝い、その他、みんなのもっているキャリアを活かして活動していこうと責任感をもって、一つ一つ、一人一人にかかわってくれ、現在は、ＣＯＣＯ湘南のグループリビング三か所のうち「湘南台」と「たかくら」の家事労働、共用部分の清掃、調理も受け持ってくれている。

おり～ぶの参加会員も増えて、三十名になった。

このおり～ぶの皆さんは、きめ細かく、温か。しかもこの支援を喜んでもらおうと、もう、それはそれは熱心で、かかわってもらってから八年の今では、「まかせて何でもござれ！」とたくましく働いてくれる。

この働いてくれる姿を見せてあげたい。チームワークの良さは一人一人の資質もあるだろうが、青谷理事長、青木専務理事を中心とした皆さんのチームワークの良さが三十名のメンバーに伝わっているように見える。

「COCOさんは、八年たってもきれいですね」とご見学の皆さんにほめられる。しかしそのとき、庭を眺めるガラス戸には、わが家の娘・犬のルルの鼻息のあとが、おりおりにあって、ちょっと恥ずかしい気がしている。

食事については、当初、作る側の年齢から考えると、近代的なものもあった。たしかに子育てが終わったころの主婦の皆さんが多いので、献立をいえば、モダンなのであったが、調整していくなかで、年齢相応、普段着の家庭料理へと変身し、快適な八年目を迎えてしあわせ。

翌月の献立が早々と出され、それをコピーして生活者に配布し、各々の意志調整をする。そののち、正式に献立が決まり、廊下に張り出され、リビングの机の上にも置いて眺めている。

魚類がその日の入荷によって変化することは、どこの家でもあること。また、庭でとれた大根やニラなども使用したり、工夫してくださる。

食事の好みでいちばん難しいのは、またまた私である。そんなこと自慢することではないけれど、病気は一、二行の学歴や経歴より多く、まず胃の手術は二回目で全摘、胆嚢もなし、というわけで、若いころとまったく食生活が変わってしまった。

「どんなものがだめですか」と聞かれると、「ヌルヌル、ネチャルネチャ、ベタベタ」とかそんな話。つまり牛乳類、納豆、とろろ芋、ホワイトソース類と、困ったものですが、おり～ぶさんは心得てくださり、同じ材料でも、ベタベタしたものをソースとして使わないでくれたり、気遣いに感謝している。

いっしょの口の悪い友人曰く、「ベタベタ、ネチネチ、グジャグジャしている人も嫌いじゃないの？」。

私「……んーん、そうかもね」と大笑いで、皆さんから私の性格が食べ物から丸見えになってしまった。

（5）介護を支える人たち——ターミナルケア

＊ケアマネジャー

元気印に生きて納得して終わりたい。それには、ケアプランを作成して見守る人の腕にかかっている。介護保険法スタートのおり、ケアマネジャーの資格試験が行われ、全国の受験資格者がどっと受験したのは、九九年十月であった。

ＣＯＣＯ湘南の研究会で、受験有資格者は四名いたが、二名が受験して合格、喜び合う顔と顔。わがＣＯＣＯ湘南の合格メンバーは星野素子さんと森てるみさんである。二人はすぐに実践活動にと動き出してくれた。

ケアマネジャー星野さんは、一言で話すとターミナルケアの推進者であり、スピリチュアルケア、心のケアを大切にして、丁寧に耳を傾け、希望に素早い行動をしてくれる方だ。星野さんを信頼し、歓迎してくれているのが、八重さんの表情でよみとれるのであった。ＣＯＣＯ湘南台で実力を見せた、ターミナルケア、スピリチュアルケアを彼女が見事に果たしてくれた。

福祉事業や看護事業の専門職は、えてしてその業務のみに没頭して、ベテランのような姿になっていく。しかし、それは単なる年期をへての当たり前の姿であって、真の専門家は別の顔を持っていることを求められ、これは自分の職種外、職種の幅にどれだけかかわったかが結果として滲み出る人間性を見ることができる。つまりケアマネジャーがさまざまな発想ができるために、福祉や看護の支援を受ける側が豊かな人生を享受していけるのであろう。

彼女の歩いた看護師として、またケアマネジャーとしての活動を眺めていくと、二十八歳で車いす生活が始まって以来、車いすバスケット選手として国内外で活躍し、勤務のかたわら、休日は練習日、貯めた休暇は世界大会に。その後は若者を育成するリーダーとして自家用車で走り回っている。

また、文化芸術活動ではバイオリン奏者といろいろな異業種間交流のなかで、奥行きの広い人間を作り上げてきたのだと敬服する。この幅広い視野での交流が、有名な看護ステーション「おおぞら」の青木さん方をピックアップし、この八重さんのターミナルケアを導いた力でもあろう。

どういう縁か、私も星野さんも障害者手帳の持ち主である。文化・芸術と福祉とは切っても切れない心の栄養を蓄えることができるものだと日頃から思いを述べている二人でもある。自分の資質を養うのは、専門の研修だけではない。文化・芸術活動が心を育ててくれることに気づいてほしいものである。

もう一人のケアマネジャーも、理学療法士としても地域の一人一人を徹底して支援してくれると感謝が寄せられ、嬉しいことでもあった。

ＣＯＣＯ湘南台の支援組織「あかり」の小川良子さんもケアマネジャーの資格を取得した。たくましい体格と風貌に似合わぬ、優しい声。仕事場では厳しく喝を入れるとか。あちらこちらからスカウトがかかるリーダーでもある。しかし当事者の支援には、細やかな求めに耳を傾けて受け止める技と、責任感はご立派。

八重さんのターミナルケアの最後の二週間は、夜のヘルパーさんが八重さんのかたわらに泊まられる。そのヘルパーさんといっしょに夜の九時にいっしょに八重さんの部屋に入られ、一時間くらいベッドの枕元に寄り添って、そっと頭をなでたり、手を握ったりして、今夜のヘルパーを紹介しながら「安心してお休みね」と挨拶して、そっと帰られるのが夜の十一時ころ。毎夜、終わりの日まで一日も欠かさず通われる姿に隣室の私のほうが安心して眠れるのであった。

泊まりのヘルパーの緊張にみちた姿を見ると、たぶんターミナルケアのコースは初めての経験なのであろうか。八重さんから細い声で「気楽にしてね」と、いたわられていた。

「死を看とるのではなくってよ。八重ちゃんが安心して少しでも眠れるように、そばにいてあげて、ということだから。気にせず少し横になってね」と私のほうが、そっとささやいて自分の部屋に引き上げる夜もあった。

「地域で生きて、地域で終わりたい」。このターミナルケアが円滑にごくごく当たり前にすすんだのも、星野ケアマネジャー、小川所長が中心だったからだと、私は専門学校の後輩である彼女を誇りに思っている。

＊在宅介護支援センター

介護を支えるのは市の在宅支援センターとヘルパーステーション「あかり」とで、生活者が各々選択している。

ＣＯＣＯ湘南台は、九十五歳から六十八歳（うち一名は視覚障がい者）、介護度は最高１という介護予防生活の実績が示しているとおり、モデルケースとなっている。ＣＯＣＯありま、ＣＯＣＯたからも介護度１が最高。それを続けたいもの。

ターミナルケアを支えてくれたメンバーの支援でもある。

最近の例をあげると有山さんが尻もちをついて、しばらく動けず、すぐ整形外科へ。それと同時に大腸癌の疑いもあり、入院して、検査と腰のリハビリをした。癌はシロでポリープていどで終わり、すぐＣＯＣＯ湘南台に早く帰っていただきたいからと、迎えに行った。一日も早く帰宅しないと病院のベッドの上では、刻々と筋力も弱ると恐れたからであった。

すぐ、「あかり」のヘルパーさんの介助が始まり、当初は入浴の介助から始まった。

みるみる一週間で見事に回復。「夜半におなかがすいて、一杯（日本酒）と、ニンニク焼き飯をいただいたの」との笑顔に全員、拍手で喜び合ったのは申すまでもない。

あのとき、病院にあと十日滞在していたら、九十歳の高齢者は歩けなくなって、知的にも落ちていくことだし、この復活はなかっただろうと鳥肌がたつ。

しかし、地域の支援体制が待ちかまえて、丁寧に慰め、励ましながら、また元の姿になっていった。トコトコと歩いて笑顔を見せてくれる、この姿。

これには、わが家の犬・ルルもおおいにお役に立っていることを付け加えてほめてあげよう。有山さんが大好きなルルは、退院されたときのたいへんな喜びよう……。飛びついて、輝く目玉。個室についで行った。コッカースパニエルの短い尻尾を立てて、前を歩く姿に思わず杖をはずして二、三歩歩かれるのであった。

話を元に戻してみると、この成果は小川良子さんのリードの元にもやさしくターミナルケアを支えてくれたチームである。

しかし、改訂された介護保険は介護支援時間の短縮によって、働く人々の労働賃金にはねかえり、一日何人もの介護支援に走りまわらなければ生活は成り立たないことで、ヘルパーの体力と精神力との戦いとなってきたのであろう。

ヘルパー講座、通信ヘルパー講座と多勢の人々が受講しているのに、現場で働く実際のヘルパーが少ないのは、介護保険制度の欠陥ともいえるだろう。

また、一方、ヘルパーの講座と形式的にわずかな実習だけで、スペシャリストにはなり得ていないのも事実であり、ＣＯＣＯ湘南台ではおこがましくも、ヘルパーさんたちが、私たちの研究会への参加を工夫して、利用する立場・支援する立場ともども育ち合う工夫を重ね合う必要性を感じている。

その意味で、「ターミナルケアで地域で暮らし、地域で終わりたい」という私たちＣＯＣＯ湘南への参加は大きな収穫として自信に結びついたに違いないといえる。

＊訪問看護ステーション

訪問看護ステーション「おおぞら」さんは燃えさかる熱血看護師の集団である。立ち上げた「動」の青木さん、「静」の助手をつとめる看護師さん方はいつも決まった服装なので、おしゃれかどうかわからないが、心はおしゃれな二人が中心の集団である。

ターミナルケアの経験もあることから、ケアマネジャーがチームに取り入れてくれたのが縁で病気の八重さんは一〇〇％の信頼を寄せて身をまかせていた。

診療所の先生方の信頼も得て評判も高く、「おおぞら」と、神奈川看護協会の「かがやき」は新しい患者は受け容れられないほどの忙しさ。ブルーの小型車で飛び回っている。

ＣＯＣＯ湘南台の生活者も、車を見ると安心感でホッとするのだと話している。

病院勤務の看護師もたいへんだろうが、こうして一軒一軒回り、当事者と家族のあいだに立って、患者と家族を癒やしながら、ときには夜半に携帯電話で起こされたり、ご苦労な仕事である。しかし、私たちにすれば、命を守ってくれる尊い存在でもあるのだった。

たぶんご苦労なことは、患者よりも家族の方が口出しして患者がわりに決定し、要求してきたり、患者をさしおいて意志決定していくケースにまごつくこともあるだろう。

ＣＯＣＯ湘南台でも多少、その気配はあったけれど、ケアマネジャーを中心に連携して、当事者本位に、そして家族の癒やしチームやＣＯＣＯ湘南台の生活者がわけあって、ターミナルケアを受け持ったことも心地よく運んだケースの一つといえようか。何よりも南一〇〇坪の庭に訪ねてくれる小鳥たちも応援団の大切なメンバーでもある。

ただ「ご苦労様」と心から述べたいと思うが、反対に看護師の青木さん方から「皆さんご苦労様。よろしくねぇー」と明るい笑顔で声をかけられてしまうと、元気が湧いてくるから摩訶不思議な人でもある。青木さん方のようなチームの皆さん方がこの街にいっぱい看護ステーションを開いてくださるといいのになぁ。

＊往診診療をしてくださる医師

インフォームドコンセプトは、雨の日も風の日も続く往診と、納得のいく説明と同意を大切に訪ねてくださる往診があってこそ。

その名は西郡克郎先生であった。西郡院長を中心にケアマネジャー、訪問看護所長、ケアセンター所長、ワーカーズコープおり〜ぶ、それぞれの地域の資源が結集してターミナルケアで送れた小池八重さんの事例を大切にしていくきっかけがつくられた。それは、ＣＯＣＯ湘南台の生活者と地域の皆さんの友情でもあった。

前にも述べたが、一つ苦言を呈したい。見舞いのあり方である。

かつては親交があったでしょうが、ＣＯＣＯ湘南台に入居して以来は、親交を深めていない方々が八重さんのお別れにどっとこられるのである。

当事者が、逢って別れを述べたいと希望を聞いて、それを可能にすることは大切なことに違いないが、突然、「友人から聞いた」と飛び込んで来られ、長々と家族と話し込む。

患者の昼寝する時間もトイレの時間も容赦なく……。そして、「頑張ってね」と手を振りながら、涙を流しながら死を前にした人と別れていく。廊下で私とばったり出逢う。

「何かお役にたつことがあったら、遠慮なく呼び出してくださいね」といって、去られた方は一人だけであった。

ターミナルケアは、チームだけがよければいいのではない。多くの皆さんのデリケートな心遣いがあってほしい。看護・介護の邪魔をしないで、親しい家族、親しい友人との時間を与えてあげてほしい。それが私の願いである。

COCO湘南台の生活者が口々に八重さんの癌の宣告後、自分の死を考えて非常によかったということは、これらケアマネジャー、看護師さん、ヘルパーさん、ワーカーズコープのおり～ぶさんの人たちがまさかここまでやってくれるとは、こんなに燃えてやってくれるとは思わなかった。そして八重さんがこんなに安らかに逝くとは思わなかったというのが話題だったらしい。それと、在宅でどうなるのか、どういう扱いをされるのかという心配がよぎっていたとは思うのであるが、八重さんの一件で「決まった」という感じで一段とみんな元気になった感じである。

よく講演などで、ターミナルケアになったときや「認知症の場合、COCO湘南台でケアができなくなってしまうということが出てきた場合、住み替えはどのようなプロセスでなさるのか、また経費、入居準備金などの関係はどうなるのか」という質問がいちばん多い。

介護予防の生活をしてなるべく元気にと思っていても、なかなかピンピンコロリという具合にいかないだろうが、病気でそういうこともあるかもしれない。状況によってはみんなでかばっていけるし、ネットワークがあればできるのではないか。むしろ認知症でもよくなることもあるだろうし。

行動障害があると、専門のグループホームに入るか専門の先生方に相談してその方のいちばん幸せな方法を考え、一人ずつ違うわけだから、そのとき真剣に対処していけばよいのであって、今からそんな先まで考えることはないだろう。

認知症の問題は心配していてもはじまらない、というのが私たちのスタンス。皆さんの家でもそうだろう。なってみなければわからない。お父さんが、お母さんが、あるいは子どもが、まずもって家族が支えるだろう。どうしようもなくなって、はじめてどうしようかということになるのであって、最初から決めてしまうことはしない。そういう立場には立たないということを決めている。

つまり、どこの講演会の会場でも、多く出る話は「最後は病院にいくのですか」「認知症になったら……」と、まるでみんな認知症にならなけりゃ悪いみたいに聞こえるくらいで「また同じ質問か？」と思うもので、つい「どうして、先の先まで考えるの？　一人一人異なるし、そのときは専門チームと、皆さんとで、本人にとっていちばんよい方法を選べばいいのです」と答えるしかないのである。

認知症だって、何もこわくはない。ＣＯＣＯは一人でふんばっているのではない。医師と介護・看護の専門チーム、ＣＯＣＯの家族がいるのである。

ターミナル（橋）、ケア（介護）。死への橋渡しではなく、美しい心を寄せ合って生き抜いて、その終の橋で、心の橋ではないか。

最後まで心安らかに一日一日を生きて、納得して送ろう。それがターミナルケアなのだ。

［第2章］　死への準備

ベッド生活のススメ

癌で闘病中の八重さんの疲れを見て、ベッドを配置する位置を話し合ってデザインした。電動で上半身が起こせるから、南側の庭、そして庭ぞいに犬仲間の友人たちが犬を連れて通ってくれるから、ロケーションもよい。八重さんが可愛がっていた雀もすぐそばまでくる。パン屑をチョーダイとやってくる。廊下側の入口から人が訪ねてこられても、いきなり顔は合わせないでワンクッション間がおける。

ケアマネジャーの星野さんは、心理的な面やロケーションを考えて、八重さんと姉上とも合意を取り付けてのうえで、八重さんの痩せ方を考えて、身体が痛くないようにベッドにエアーマットをつけ加えた。

「エアーマット、こんなのあったの？　初めて……気持ちいいものね」。

個人に細かい情報こそ少ないが、最近は介護用品も種々あり、海外からの輸入の介護用品もたくさんあって、選択の仕方で日頃とかわりない生活が続けられる。

「年に一、二回東京で世界の介護用品展示会があるのよ。食器から車両、入浴材料、病気別のフー

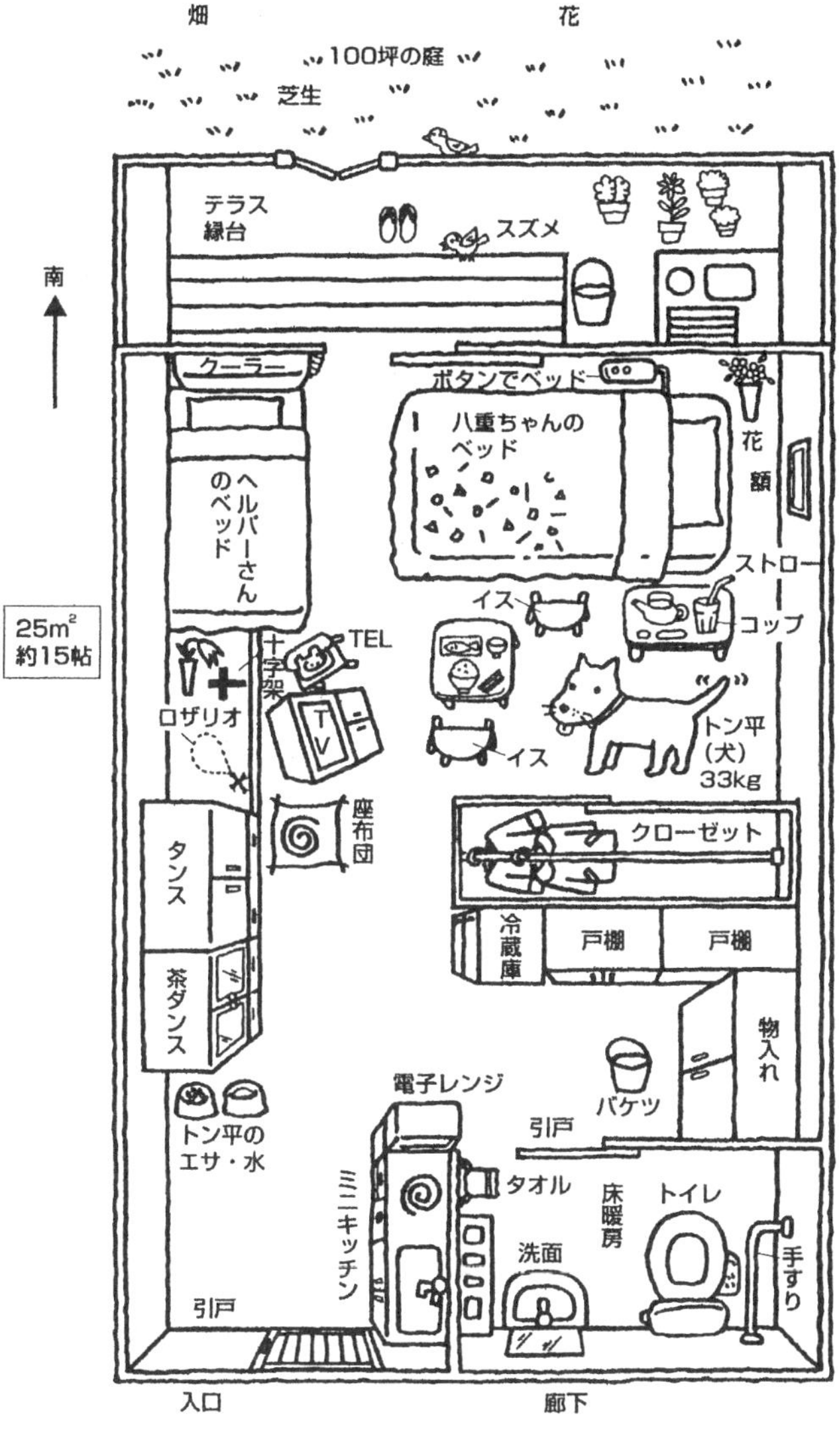

図1　八重さんの部屋（原画・筆者、イラスト・萩森麻美）

ズまで揃っていて、一日では見てまわりきれないのよ」とその風景を話してくれた星野さん。

「心地よくベッドでも生活できる材料を使いましょうね。歩くための補助具もあるし、人手がなくてもご自分の手で足で、自由に楽しく過ごせることができるでしょう」と。

彼女はいった。「だってそんなに長くないから、わざわざお手数かけるのは悪いわ！」。

「だから使うのよ。最後まで、自由に生きて、ご自分の力を惜しまずだして……」とケアマネジャーは励ましてくれた。

「そりゃそうね……。でももう疲れたわ。嘔吐《はく》ので辛いわ。神様のところに行くのは容易なことでないわねえ」。

私は、「まだ、あなたが私たちに必要なのよ。時間をくださらないと、このままハイさようならじゃ、困るのよ、さびしいのよ。八重ちゃんはいいかもしれないけど……」。

「ウーン、早く死にたい」と。かなり精神的に落ち込みはじめたように見られる。さて、こんなときどうしてあげたらいいのかな。

すべてに身をまかせたときに起きるものなのかもしれない。いっそ、つっぱっていたときのほうがよかったかしら。しかし、体力もないし……と私は心のなかで半分後悔したり、でももう仕方がないのか……と納得したりしつつ、見守る、話を聞くことに徹しつつ「気丈な八重ちゃん、あんまり聖人君子のようにならないほうがいいですよ。落ち込んで、泣いて、ぐずって、わがままいって……」と。

ベッドのうえでもご自分でできることは何でも頼んでいこうと思った。

ご自分でできることは、熱いお茶は湯飲みで、できるだけベッドを起こして、フーフーいいながら飲むことやメロンをジュースにしたものは、ストローで飲む、メロンもできるだけメロン用スプーンで自分で食べるとか、ゆっくりでいいから……。よけいな親切はしないほうがよさそう。

ＣＯＣＯ湘南台の少しの時間、生活者が訪ねて気分転換をしているので、落ち込んだ暗さもすぐに消えて、また、いつもの八重さんのように猛烈な勢いで話し出してくれた。力いっぱいしゃべりまくっていた。ほとんどヘルパーさんにも看護師さんにも天国へ行く話であったと聞く。この話が出ると八重さんの本領が発揮されてくるのだった。

私は八重さんに、「そんなに真剣に反省したり祈ったりして準備しなくても、リラックスしたらいい」といった。「神様がつくられた人も犬もすべて終わったらお引き取りくださるわよ」というと、八重さんは苦笑していた。

みなさんが八重さんに集中すると、気丈な姉上もときどき落ち込んで寂しそう。それに気付くのは少し遅かったけれど。ママヨ、でも、肉親の癒やしも考えなくてはねぇ｜。さて、どうしよう。

生と死の話がこの三年、四年目は姉上からも本人からもいつものことであった。今はＣＯＣＯ湘南台で死を迎えられることへの感謝と生活者のみなさんといっしょに暮らして楽しかったと話され、「ありがとう」と何と素直な方でしょうか。

「姉ちゃんを安心して置いていけるから、もし山の上の家に一人残したら……と思うとね、今は、何の心配もないし、それがよかった」と。あとは愛犬・トン平のことをポプリさんに頼んだし、「心残りはトンが寂しがると思うと、それがネ……」と、神妙であった。わかるなぁ。

犬はそこまで意味が理解できないから、多分置き去りにされた、捨てられたと思ってしまうからでもある。「トン平君は頭がいいからきっとわかるわよ」と慰める以外になかった。

この子を残すのが心残り……。親の気持ちであった。よくわかる。よくわかる。私も連れ子の犬ルルがいるから……。

いたずらに延命はやめて

加齢して病気にかかると、その病気によっては、慢性化して手のほどこしようがない場面に出合うことがある。

不治の病といわれたら延命のみに力をそそがないでほしいとよく話に出てくるのである。

何が延命で、どんなことが痛みや気分をやわらげるのか、本当のことはわからないくらい、理解するだけの説明がなく、また、本人の意識がうすれて自己決定しにくいときもあることを知ってほしい。

そんなとき、家族に了解を求めていろいろと経管栄養など、延命手続きを経て経過を過ごすことになってしまうことがある。

当事者に不快感をともなうことがあり、そのときに顔をしかめ、手でさえぎることがあり、その手をしばられてしまうことすらあり、そのための許可を家族に求められる。

医師の要請なので仕方なく家族は同意する。そのことが将来どうなっていくのか、どういう結果を生むかを知らない、わからないからである。

では、それ以外手のほどこしようがないから、拒否したのなら、何もしませんよ、ということにはならない。ここで、当事者の立場を中心にして診療側と患者の代理者としての家族と、細かく話し合い、ともに悩みつつ方向を見すえて選択していくようにならねばと注意深く見守ることが大切なのだから。

すべて、元気なうちに生と死を話し合って、あらかじめの自己決定をしておくことが必要なのだが、日本人の国民性として死を論じることはタブー化されてきた歴史のうえでなじまないことも多いようだ。

私たちが住んでいる小規模グループリビングでは、幅はあっても同じ加齢していく世代間では比較的気楽に「私自身の死」について話し合うことができる。

年代がともすれば六十代から九十代と、幅広い層で暮らしているため準備したい高齢の方々から何気なく出される話がきっかけで、わいわいと軽いフットワークでテーブルについて、泡のように消えながら、手慣れた話題になって、またおいしく生きる話にと渦をまいて、かえって元気への気付け薬となるようでもある。

死を語るとき、だから一日一日を思う存分大切にとイコールしていくのでもある。

「あなただったらどうしてほしい?」と明日のわが身をダブらせて聞き合うことがあった。

西條さんはこうじゃない?

「犬のルルに顔をペロペロなめられて、ニッコリ」なんてどうか……。「私はルルよりあとよ」。

差し当たって、あなたは日本酒といおうか、お謡いのテープで、「これせいようの春になれば……」とか、おりに誕生会で聴くお謡いの一節を出してみて笑っているのは、本人と私たち。

その他の希望

私は人間らしい
生と死を求めます。

200　年　月　日

氏 名

私は人間らしい生き方を続け
やすらかに尊厳ある終りを望みます。

上記の希望にそって、下記に書き残し皆様のご協力を求めます。

1．私の病気について、医学上では回復の見込みがないと判断された場合には延命の治療をすることをやめて下さい。
2．痛みやもその他の苦痛を取り去ることを最重点の治療にしていただけますよう、心からお願いいたします。
3．生命の維持のために、本人の不快感をともなうような措置はやめて下さい。

以上が私の生と死の選択であります。「尊厳ある終り」と自己決定し、私の人権を守りたいと思いますので宜しくお願いいたします。

宣言の日　年　月　日

サイン

住 所

氏 名

実 印

明・大・昭　年　月　日生

図2　赤い紙でつくった誓約書

節子さんは？　クサヤの干物とワインでは、とても近寄れないワ！　と、一笑に付されてしまうから、考えておこう。「それじゃ遅いよ！」とヤジ。

松山さんは、姫のようなパジャマにおいしいコーヒーの香りかな。それともミニ缶ビール？

「あたしだったら」と、年長村野さんが話にわりこみ「豆大福ネ」と。あんこの好きなお人の遺言。

ところで、誰に言ってるの？　と大笑い。こんな会話からみんなでつくったのが、「私は人間らしい生と死を求めます」の一枚なのであった。

資産のある人は法的遺言書を――公証人役場を活用しよう

遺言書は、理屈では理解していても思いが先に立つだけで、法務局に届け出る人は少ない。「手紙を書いて引き出しに入れておくわ」では通用しないことを認識しなければならない。そんなセンチメンタルは法律の前には何も効果のないもの。むしろ、争いの種を残すだけ。遺言書を書くことによって、自分の思いが法的に保証される。

資産がある人はことさら、残された子孫の争いを防ぐために、遺族が争いを起こすことなく、円満に暮らし続けるために大切なことだと思う。「うちの息子は、娘は大丈夫」はやめて。

事前に弁護士さんか税理士さんに相談して、平等な相続態勢をこしらえてもらい、法務局に届け出ることがいちばんよい。

なぜそうしないのか聞いてみると、資産を法務局を通して登記したら、もう自分ではいっさいその資産に手を触れることができないと思っている。

そんなことはない。たとえば一億円の配分を決めても自分が使ってしまってもよいのである。土地を売ってもよいし、登記を書き換えることもできる。

登記料などがたくさんかかるだろうと思うので……、という人もいる。

資産の量によりけりで、遺言を保証するだけの印紙と手数料（法定）くらいである。法的に決められている。二十万円前後と考えて。

ただ、二人の立ち会い人を頼むので、その方の交通費程度はお渡しするのが常識というもの。

弁護士さんに依頼したら費用がかかる、と思う人は直接。

自分で公証人役場に行ってもいい。しかし、内容に一定のルールがあることと、配分について公平と思われる方法を事前に相談しておくといいのではないか。

私の知人は聡明な女性で七人兄弟姉妹の長女。独身は彼女だけで、四十五年会社に勤務して、役員に昇格し、七十歳まで会社に籍をおける身分。

彼女は、常々「遺言を書いて引き出しに入れてあるの」と話していた。私は「さすがね」とただ感心。

私は「死んだときの葬儀について書いて公開してはあるが……、だって資産なんてないからね」、と笑いながら受け止めていた。

ところが、彼女は急死してしまった。家族から緊急の電話。私は席に招き入れられ、彼女と対面して何とも言えぬ悲しさ、寂しさに取り乱しそうになってしまった。

「よく活躍したものね。役職に忠実すぎたよ……、自爆じゃないの……バカね」、と遺体に苦言をいって自分を慰めていた。

冷静を取り戻したとき、「引き出しから彼女の遺言書を出したので、コピーしてきますからよろしく」と、弟さんがコピーに出かけていった。

企業家のトップクラスとしての綿密な計算書から、配分を書き残してあった。そして最後に親友の私に相談しながらすすめてほしいと結んであったのだった。開封後「コピーを預けるのでよろしく」、とその席では妹たちから依頼され「ま、ゆっくりとご相談しながら、あとにしましょう」と葬儀の話に進んだ。

「とにかくまだ田舎なので組内《くみうち》のやり方で」、と申され、「それはみなさんでどうぞよろしく。私は何かお手伝いすることがあれば遠慮なくお使いください」と申し入れて、遺体と別れて帰宅した。

通夜なども型通りのもので、彼女らしさはみじんも感じなかった。彼女を育てた上司とならんでいた。かつての上司が告別式では「弔辞は西條さんが述べるのでしょう?」と聞かれ、「いや、山本さんがなさってくださるのでは?」と聞き返した。「いいえ」と寂しい返事が返ってきた。

「どなたが仕切っていらっしゃるのかさっぱりわからないし、みなさんご兄弟姉妹で気を遣い合って組内任せにされたらしいですよ」。

「そうなの、生前何かあなたに話してなかったの?」と聞かれ、遺言を書いて引き出しに入れてあるからネ、とか、それはもちろんコピーはもっていますが。みなさんの心はわかりかねるところがあって、お手伝いもできないらしいし……。

「でも何か彼女らしいはなむけをしたいわね」と相談し合った。

「ガードが固いから話せるかどうかわからないけど、彼女が属していた合唱団に話して、明日一曲贈ってもらおうかしら」と二人の話はまとまり、通夜が終わったあと遺族に話をしたら、快諾してくださり、その夜、合唱団に電話をかけまくって頼んだのを覚えている。

当日、出棺のおり、合唱団のみなさんが歌ってくださるなかを棺は通って車に乗せられた。その歌は「遥かな友に」。それがせめてもの参会者の心を慰めた送りとなって「やっちゃん、やったよー。あなたの好きな歌を……。これで我慢してネ」と心から叫んだものだった。我慢強い彼女の微笑みが浮かんだ。火葬場への送りもできないで悲しかったのはなぜ？

じつはそのときから遺産分けの葛藤に入っていたと聞く。

後日談だが、あれは単なる手紙であって、法的根拠はないと、一人が強く言い出して、紙屑にすぎぬと四十九日の法要の席で大げんかになったと報告された。

私に、代表して報告にこられた一人に対して、「彼女の心にそってあげてほしい。中身は不公平なことは何もないですよネ。しかし、法的根拠のない手紙であると申されれば、それまでです」と二の句は告げることはできなかった。「私の出る幕ではありません！」。

後日、親しい上司から偲ぶ会の話が出て、「じつは偲ぶ会の話をしたいのだけれど、どなたが窓口かわからない。みっともない話だがうるさいのが一人いて、何の話もまとまらないので、ごたついているので……どうぞお好きなようにしてください」。つまり、相談せず勝手にやってほしい、ということらしい。

それでは、彼女が可愛がっていた弟さんや、甥御さん、姪御さんも出席はできないということである。

なんということだろう……。

それでも押し切ってやるか？　いや、この重さをかかえて話をすすめて、彼女の霊を慰めるなんてことはできる心境ではない。ただ彼女のかわりに、私の心は重たいだけであった。

亡き彼女の声は「西條さんありがとう。お先に逝ってごめんなさい。最後に『遥かな友に』の歌で皆さんが送ってくださってありがとう、それで十分よ！」。

彼女はいつもそんな人柄であった。

もうそっとしておいて……。誰がなんといおうと、そっとしてほしい。ただそれだけで精一杯であった。

彼女は企業家のくせに、法的根拠の手続きをしなかったことはあなたの負けだったのよ。あなたは、家族を信じ、友人も信じていたのね。それだけ崇高な人格者だったね。

私も、まさか？　と思ったけれど、仕方がない。

しかし、それから十年たった。私の引き出しにコピーは封筒に入ったまま、そのまま大事にしまってある。公開はしないけれど、それはあなたの優しい心を消さないために私が終わる日まで持ち続けるだろう。私があなたに代わってできることは手伝っておくよ。そのなかの一つ、わたしがあなたの心にそって留学生の世話を続けていることである。

養母の送りと遺言

いつか終わる日がある。どなたも同じ、産まれたときから決まっている。

産まれたときからたくさんの方々によって育てられるのも同じ。

私は四人目の子で、母乳が少なく、私は山羊からお乳をもらい、大豆からとれる豆乳にもお世話になり、当時は熱がでたら「みみず」の乾燥したものを煎じて風邪を治したと聞いた。へえ？　と今どきの人は驚くかもしれない。

動物からお乳をもらい、農家のみなさんが栽培してくれた大豆などから乳替わりにもらい、大地の「みみず」から「毒だみ」からと、天地万物から育てられてきた。

そしてお隣さんに抱かれ、声をかけられ、いい言葉も悪い言葉も容赦なく覚えて脳細胞ができあがっていった。

最後は死にゆく番が廻ってくる。このときもみなさまにお世話になるしか仕方がない。

こう考えると、最後だからお世話してくださる方にお願いしておくことをあらかじめ、遺言書の形式にしておくのが常識だと思った。

とくに資産・不動産のある人はしかりであるが、私にはその心配はない。

しかし、私はこの街で活動し生きてきた時間が六十年以上。小学生時代から暮らしているともなると、友人が多い。しかし、友人も年配が多いのも事実でもある。さて、と考えた。

四年前、こんなすがすがしい送りをした経験がある。それは養母延子（姉）九十三歳の死であった。

養母は元来、恥ずかしがり屋で人前に出るのもためらいがちの人でもあり、よく「私はお葬式はいらないのよ。写真も恥ずかしいし」とはいいながら四十歳代のそれは美しい着物姿の小さな写真を出してきて、「これ！」といって、何か暗示をしていた。

「親しい家族葬にするから」と、笑いながらも約束したとおり、教会の小さな聖堂で、私と母の親しい方と甥や姪二十名くらいで送別ミサをして送った。

満足してか美しいなんていうどころか、九十三歳なんて想像もつかない綺麗さであった。

病院入院三か月。そこで余命二、三日といわれたとき、養母がこれ！っといって四十代の写真を持ち出したが、これはひどいじゃないかと思って、次に出された七十代の写真をキャビネくらいの大きさで用意しておいた。

ところが死に顔は私もびっくりするほど美しく、四十代の写真で十分通用するものであって、私が用意したのは死に顔とくらべるとまったく違う人のように写真のほうが年をとって、全然相手にならないものだった。ごめんね。

まわりの選択の誤りであって、それは今でも心のなかで詫びてもいるし、参列してくれた方々との話題になった。今は笑い話となってしまったが。

養母が、かつて「葬式はいらないわ、いや！」といい、私が「そうかといって、何もしないわけにはね」とごく軽いフットワークのような話のなかで、母が「親戚でも、教会の方でももしお参りしてくださったら、美味しいあんこの山田まんじゅうと、美味しいお茶をさしあげてね」と語っていたことは守って、山田まんじゅうとお茶のセットで、小袋で皆様にお持ち帰りいただいた。

そのおり、死亡通知を絶対出させない、教会の伝達網もお断りし、ＣＯＣＯ湘南台の方々にもいわない、取り仕切ってくれる友人に話した。「しゃべったらブッ殺すワヨ！」とかおどかして、養母の心にそって、そっと静かに送ってあげたい一心が働いていた。

皆さんが守ってくださって、無事しみじみと温かな送りができたことをとても感謝している。皆さんも「この送りはすばらしい」とほめてくださったことでもわかる。

失敗は一つ。やはり、心が張りつめていたのか、疲れていたのか、お骨をひろってから葬儀屋さんにうながされて精進落としなる料亭屋さんへ足を運んだことであった。

こんな冷たいおきまりコースの箱膳でみなさんの労を癒やすことはできない。これなら喫茶店でも行って、あとは和牛の一、二キロの塊でもお持ち帰りいただいたほうが、お疲れは治ったでしょうに、と頭をよぎったが、簡素な、送り方は形式的ではない、とてもすがすがしい生涯の幕を閉じてあげたと自負している。

そこで、私も同じようにそうしたいのだが……と。自分がいないことなのでこればかりは友人たちに相談しないわけにはいかないことに気付いて、話をした。

みんな意見が異なった。

一人は曰く、「黙ってたって、あとが大変だから一回ですむよう、オープンにしてやるべきよ」。二人目曰く、「教会の葬儀はどなたでも参加できるのに、その考えは閉鎖的じゃないの?」。

三人目曰く、「お祭りみたいに盛大にやりたいわ。私、こんどは黙ってなんていないわ」と、まくし立てられてしまった。

「ワカッタ、考えとく。お願いの遺言書を書いておくので、よろしく」と一件落着した。その後、その友人たちに私の遺言状を公開したのであった。

私からのお願い

親しく支えてくださる皆さんから「あなたの生涯には悔いはないでしょう」と、よくいわれる。本当にそのとおり。病気もたくさんしたけれど、その病気がとりもって素晴らしい友人方ができたり、病気の方の気持ちに少し寄り添えるような学習の場になったり、別れの悲しいこともあったけれど、みんな栄養になっちゃって……。

皆さんに感謝でいっぱいである。

「それなのに私が終わってから、また頼むわね」って図々しいけれど最期のことを聞き入れてください、きっと成仏するでしょう。

あるとき冗談めいて、「私は小さい式でそれも親しい人だけで送ってほしいな」と自己選択しようとした途端に、はね返ってきた言葉は「だめよう」と左右から次の声が飛んできたのであった。

「だってみんな親しい人ばかりじゃないの。どこで線を引くの？　みんなもそう思ってるでしょう」「ね、そうよ。だって先生は八方美人だもの」「何も無理しないほうがいいわよ。あとでわかって訪ねてこられても、こちらは困るでしょう」「あたし達、盛大にやりたいわ」「先生、にぎやかなの好きじゃないの。寂しがりやのくせに」。

「いや、やっぱり当事者の選択に従うのがいいのだよ」「無理よ！」。

と、今のうちからこの騒ぎ。さて、こんなことで、そのとき仲違いされては「三十六方美人」と自称する私らしい終わりにはならない。

それに！　それに、静かに送ってくれたのはいいとしても、また、偲ぶ会などとなったら、もっとかなわない。

「死人に口なし」というとおり、弁解の余地がない。それなりにごやっかいでしょうが、バタバタと通夜なしで、告別ミサで一回で終わったほうがよいな。

「じゃあ、お願い。お寿司の位でいえば、松竹梅の竹ってとこでね。ごく普通に……。宗教はカトリック教徒だから教会が会場で、とくに戒名もいらないし、そして骨は気候の良いとき海に流してね」。するとまたまた、「どうして。お母様（義母）方の入られている芝生墓地があるじゃないの。散骨じゃお墓参りもできないわ」。それにはまた反発する。「自由が好きな私が、あんなコンクリートのなかにちんまり入れると思う？　冬は寒いし、夏の日照りは暑いし、海、海、海ならどこでもいいわ。あそうだ。水葬の会に入っておかなければね。ハワイはだめよ。外国語に弱いから」。

もう一つ。「六十五歳以上の人に知らせないこと」「え？　いつ死ぬつもり？　私たちもうすぐ六十五歳、過ぎちゃうじゃない」ということになってしまった。「適当に、その理由だけ話しておくわね」。

加齢してくると、友人知人がお先に逝かれるのは寂しいのよ。そして次は私の番だなんて、内向的な人は考えるのよ。それとは別に、わざわざ出席する体力も少し落ちてるでしょうし、身体がたいへんなの。このごろわかるわ。私の仲間は、年金生活も普通ではなくて、障害者年金という月六万か七万円の方が多いのです。いくら「お香典はいらない」と書いても、日本の習慣（あまりよくないけど）

で、包むでしょう。こんなことも考えているのです。

だから知らせる必要があると思う人だけにして、あとは自然にしよう。お願いします。

こんな送りが

限りなく平和と自由をほしい生き方を求めてきた私だから、他人の自由も限りなく守りたいといつも思い、心をくだいてきた。ままならぬこともあったとしても、その心は変わらなかった。

……というわけで、そのとき——永遠の眠りについたときは、パジャマでいつもごろんとしているようにしてほしい。ともすると葬儀屋さんのしたいつまらないしきたりに負けないように、ね。

こんなことがあった。〇六年三月、最愛の甥が五十三歳で逝った。癌であった。ピースハウスから遺体が帰ってきて、家族はなすすべを失っていたので、葬儀屋さんが、指揮をとろうとした。私が出しゃばらねばと控えていたら、案の定、「白足袋をはかせてください」と押し出してきたので、「おっ！　ちょっと待ってよ」と、十八、十五歳の娘に「パパがいつもはいていた靴下を持ってきて」。

そして、私が片足ずつ「重いね」といいながが、抱え上げて二人の娘が片方ずつその靴下をはかせた。死人の魂がホッとしたようだと私も家族も思った。私が贈った木綿の青白のチェニックのパジャマを気に入っていて、当人は「最期はちゃんと着せてね」といっていたので、それをピースハウスから着て帰ってきた。「お着替えは？」と聞かれ、娘が慌てて「パパはこれがいいっていいってたのー」。続いて、つれあいと娘で歯科治療をしていたときのいつもの白衣をそのうえにやさしく、母娘三人でかけて、「パパ、やっぱり歯医者さん、似合うわね」と笑い泣きしたとき。

また横から、「あの世の旅に杖をもたせてください」と白木のチャチな杖を横から差し出してきた。「だめだめ。五十三歳で杖なんて……。でもせっかくおっしゃるんだから、横のほうに置きましょ」と、お棺のすみっこに入れた。いろいろ強く拒否していくので、家族は「パパらしい」と安堵したものの、黙っていれば、額に三角の幽霊みたいな布もつけられるところだった。そんなこともあって、一つ一つの小さな費用がかかることよりも、本人のセンスに沿った自然に近い姿にしてあげるのには、葬儀屋さんとの戦いがあるということを書いておかなければならないので、例をあげてみた。

後日、遺族になった三人と親類での話。「あのときの葬儀屋さんが、節子おばちゃんの指揮にあっけにとられて『次は……、ど、どう……します?』とおろおろして手も口も出せなくなった」とその姿を浮かべて、また泣き笑いをした。「あのとき本人の心になりすぎたかしら?」とちょっと出しゃばりすぎたかと反省したら、「よかったわよ。ありがとう。パパらしい、喜んでいたみたい」と娘達がいってくれた。

葬儀屋さんや村々のしきたりとかとは、決然と対決しなければならないだろう。しかし、そんなことをいつも経験するのは辛いことである。

私の遺言

そこで、自分がしてほしいことは箇条書きにしておこう、と思った。

(1) 法律的なことは、ややこしく、たいしてお金がなくても銀行などや何かの名義変更などは、弁護士の増本敏子先生にいっさい委任してあるので、後日先生に連絡してくだされればよいと思う。

（2）教会の神父様に通夜はなくして、告別ミサだけと本人が希望したと伝えてくだされば、それですむ。仮通夜としてくださる。
（3）戒名なし。
（4）葬儀は友人葬で、友人代表斉藤祐二さん、喪主は姪の内海真由美にたのんであるが、本人はおっとり型なので、主になって仕切ったり、動かすのは無理で可哀そう。名義上にしてやって。つまり、相談しつつ、友人で全部運んでください。彼女は素直で皆様への行為を喜んで受けるだろう。斉藤君よろしくね。
（5）教会のこと。司会に関することは、斉藤君が全部わかっているので心配ないと思うので、交渉はすべて大丈夫ですから何も書かない。
（6）写真はＣＯＣＯ湘南台で一緒に暮らしている宮山さんがわかっていて、パネルがある。若いころのパネルだけど、それはかまわないだろう。
（7）もし弔辞とかの話になったら、彫刻家の熊坂兌子さんが、イタリアから日本に帰ってきているときだったら、彼女に頼んでほしい。彼女は幼なじみだから、引き受けてくれるはずだ。熊坂さんがイタリアで留守だったら、ピアニストの青山夏実ちゃん、頼むね。でもあなたも海外演奏中かもしれない……。ママヨ。
と書いていると、「またかっこうつけるなぁ」と昔の青年達の皮肉な眼が浮かびそうだ。だがね、やるからには、葬儀においでくださった方々に少しでも心地よいほうがいいじゃないの？　じめじめしないで……。

それに、私はお別れとは思わない。これからひと仕事をしに、神様に会いにいくつもりなのだ。地球中の人々が平和に暮らせるように、欲張らず、けんかせず、幼な子にはじまり、どのような年齢や境遇があろうと、人権が守られて、人として一人一人が当たり前に生きて、支えあう役目を果たしていけるような人間達の働きを求め、ほかの動物などの保護のためにも直訴し、もしお手伝いが必要なら天国でも働くつもりだ。みんな天国で居眠りしてたら、起こして回るわ。

ああ、やることがいっぱい！　これが三次元の「終のすみか」というもの。だから興味津々。

（8）　さて、焼却が終わったら、好きなおいしい店で召し上がって。冷たい箱膳なんて考えないで。骨は普通の赤い柄の風呂敷に包んでぶらさげていれば、レストランはいやがらないから。

あんまりじめじめ考えないで。みんないずれ終わるのだ。普通に終止符をうてればそれは素晴らしいこと。でも反対にやっと逝ってくれたと安堵もあるときもあり、どちらかわからない。

（9）　四十九日や一周忌はなし。

（10）　気候のよいとき、水葬の会と相談して海へ散骨してほしい。これは約束してください。

「お墓参りできないじゃない」と、また横からいわれたけれど、どこの海でもあいさつすれば、それでいいと思わない？　世界一周の旅に出るのである。これは守ってほしい。よろしく。

これらを終わらせていただく費用は貯金してあると思うから。ウフフ……。宮山さんと斉藤夫妻がわかって、できるはずになっていると思う。また横から「のんきなもんね」といわれそう。これをホントの極楽とんぼっていうのかしら。我が家の遺伝らしい。

さて、これでいうことなしということなのですが、実はまだある。本当に一人を送るのはたいへんなことなのである。家具類の片づけをお願いしていなかった。

とくに急がないで、COCO湘南台に迷惑がかからないよう、家賃と共益費と家政費の支払いを計算して、三か月から半年かけてやってください。宮山さんと斉藤玲子さんで適当に。ゴミは、トップサポートさんに頼むこと。終わったら建築士の最上真理子さんに相談して、次に入居する方の居心地を考えて使っていた部屋をリフォームしてくれるに違いない。片づけも彼女は手伝ってくれるだろう。私の大切な教え子なのである。

ああ、一人の後片づけはたいへんなことである。自分が片づけるのではないのに、考えているだけで疲れちゃった。なるべく元気なうちにスリムにしておこうっと。

私たちも皆さんとのご協力で天涯孤独の方の片づけをしたり、そうでない、ちょっと事情のある方の片づけをしたりして、つくづく煩わしいことで、たいへん気疲れしたことを思い出す。自分の後始末を整理してお願いを書いていると、限りなくたいへんなことだということにいっぱい気づいてくる。

そういうわけで、やはりあらかじめ書いてお願いしておいたほうが、私を含め、残った物を片づけてくださる方が少しでも気を遣わずに「本人の意志だから」と、淡々と労力提供をしてくれやすいと思って書き留めようと思った次第である。

最後に、皆様への生前のお礼状というか、感謝をお伝えする言葉を書いてあるので、大江ちゃんとアオちゃんにゆっくりでよいから、宛名は貴女方がいちばんご存じのことなので、よろしくお願いします。切手は別に特定したものなどにこだわらずに自由にやって。

最後に親しく生涯をおつきあい、また心から支えてくださった友人の皆さん、お先に失礼いたします。

さようならではなく、ありがとう。

私の独り言

ときおり、私は六十八歳と錯覚してしまうことがある。本当？　いや七十八歳なのだ。「ウェー」と自分でおかしくなる。容姿と体力と食べ物の種類と収入と支出がかわっただけで、あい変わらずあれもこれもとやりたい計画がいっぱいで机の上と、二十五の引き出しは種類が違う資料が次々と重なっていく。その引き出しは十数年前から種類の色は変わって、「こだわりの引き出し」と自分では名付けている。

あらゆる障がい児者の方（私もその一人だが）の当たり前に生きる街にしたい活動、次は自分の歳なりに面白がりながら、「高齢社会」をテーマに、自分と自分のまわりをモルモットに仕立てて、これからがいいとき。元気印に楽しんでいこうよ、と呼びかけたり、地域社会のあり方を求めたり、あげくの果て、ターミナルケア、つまり死に方ではなくて最期の一日まで自分らしく生きていく方法と実践まで追いまくって、ふと自分のことを忘れるときがある。それはよくないことだと、気がついた。

これから、周りに迷惑をかけては相すまぬことも考えて決めておくことが大事だから、人生の三幕目に入る区切りに遺言を書いておき、お願い事もしたためてから、スタートラインに戻って、第三の幕を元気印に開けようと考えたのであった。

［第３章］　グループリビングで暮らすということ――自立と共生とは

自己決定が尊厳のスタート

これから高齢者の人口が約二五六〇万人になるだろう。少子超高齢化だと連日、各誌にその数字を見ない日はない。

「寿命」とは、ことぶき――喜ぶことと解釈していたのだろうか。毎日、驚かされておろおろしている人も増え続けている。

介護される人、介護する側も戦々恐々の社会って、おかしいのではないか。

私たちはその不安を払拭しよう、そして真実の「寿く《ことぶ》」寿命を勝ち取っていこうとグループリビングの準備を三年、開設して八年の暮らしを経過して、ここに「自立と共生」の高齢者グループリビングを運営・ＮＰＯ法人ＣＯＣＯ湘南で立ち上げたのであった。

一九九九年第一号「ＣＯＣＯ湘南台」神奈川県藤沢市

二〇〇三年第二号「ＣＯＣＯありま」神奈川県海老名市

二〇〇六年第三号「ＣＯＣＯたかくら」神奈川県藤沢市

へと目標の三棟各十名（うちコーディネーター一名）と、後方支援のライフサポーター（通勤のライ

表1　私の目で見る各種ホーム　老後の暮らし、どう考えますか？

項　目	人　数	利用の期間	介護や支援	その他
高齢者グループリビング（高齢者生き活きグループリビング）	小規模（少人数）６～９人	生涯型、ターミナルケアを目指している	地域社会資源と連携し、支援・介護は当事者の選択	入居費用 種々 月額おおかた15万円以内が多い。特定非営利活動法人運営が増えている
有料老人ホーム（介護付き）	20～40人くらい。多いところでは200人以上	生涯型とはいえ、途中病院への移行が多い	ホーム内介護	入居費用 種々 1000万～2000万円が多い。月額20万～25万円
高齢者向け有料賃貸住宅（マンション風、その他）	25～200人	安否の確認や食事（外注）サービス付きもあるが	介護付きへ移行か療養型病床へ移動か？	公的資金補助で建てられるため、家賃は低くなっているが……
＊ケアハウス（特別養護老人ホームの付属品として存在） ＊介護型ケアハウス	20～100人	必ずしも特別養護老人ホームに移行するとは限らない	→ハウス内一部支援 →介護付きホームへ移動がある →あるいは病院へ	ケアハウスは費用は比較的低いが、介護付きに移行・移動していく場合、有料ホーム、その他となる
軽費老人ホーム（食事、生活支援の多少）	20～100人？	加齢とともに、どこかに移動する		同　上
特別養護老人ホーム（介護度の高い人々のため）	50～100人以上	ターミナルケア　約20～30％と聞く	→病院	（社会福祉法人） 利用費が改訂される
グループホーム（認知症の場合）	小規模 ６～10人	生涯型	→病院への移動もある	種々、設置主体で異なる。月額20万円～
養護老人ホーム	50～100人	身辺自立型	→ケア付きホームか病院へ移動	
コレクティブ住宅		複数の世帯の共同体（食事、保育など）		組合方式が多い
コーポラティブ住宅		同　上		

フサポーター一名）というでたちでここまでたどりついた。

高齢人口から見れば、たかが計三十名という人もいる。されど三十名の暮らしが開花し始めている。「自立と共生」の旗を立てて、お互いの尊厳を守り合い、地域に生きる。

既存の施設や有料ホームで得られない魅力を味わい始めているといえるだろうか。地域力、市民力の生み出した賜物でもある。

まず自立とは、当事者参加型。自己選択しつつ、共同体をつくり、お互いの人格を守り合うことから始まるだろう。

ＣＯＣＯ湘南台の生活者は「自立と共生」に共感され、入居を自己決定された皆さん。自己決定がまず尊厳のスタートである。七十年前後のさまざまな人生はその方なりの価値観がある。しかし、人格を守り合う共生の目標に近づく努力をしてこられている。人間の心やいのちを守り合うのも尊厳といえるだろう。

よく私は、物理的には「自室にトイレがついているのが尊厳のはじまりだ」と冗談のようにいってきたが、本気でそう信じている。

終の棲家とはいわない。私は人間だ。獣っぽい表現は嫌いなのだ。

生涯型で、一日一日のプログラムを大切にする達人となれば、介護予防の見事な生活ができる。それを証明しているのが「ＣＯＣＯ湘南」方式の暮らしなのだ。暮らし方を基本において建物を開発しているところが、また尊厳の基本といえるだろう。

「どうして建設目標は三つだけなのですか」と問われる。三つ、三様の味付けをしながら学び合っていける。三十名とＮＰＯ法人ＣＯＣＯ湘南は風通しがよくできる。つまり、一人一人と言葉が通じ、話し合うこともできる。個の尊重と長屋のつきあい感覚もうまれてくる。

ＣＯＣＯ（ココ）＝コミュニティcomunity、コーポラティブcooprative。つまり「よきコミュニティをつくり、地域と共同していく」という意味が込められていることを強調しておこう。

気の合う仲間で暮らす、その本質はオーケストラのチーム

高齢者グループリビングＣＯＣＯ湘南台に九名とコーディネーターなる私一名、合わせて十名が暮らし始めて満八年となった。途中下車されたのは、家族の事情で六年避難されていたが、平和的な解決で自宅に戻られた方や、アルツハイマーの病状が進んでこられた方。癌で去られた八重さんの三名。それぞれ新しく入居された交代劇もスムーズにすすみ、ともに八年の思いにひたって喜び合い、祝い合う気分でもあるのだった。

「気の合う仲間同士で暮らす」と人々は思っているようだが、気の合う仲間が当初からあったのではない。「上手に気を合わせていく暮らし」と言い換えているのだ。良いとこ探しから始まると……ね。

皆さんもともと湘南を中心とした地域に住まわれていたわけではなく、女性はとくに、連れ合いの仕事とともに民族移動のようなところがあって、出生地は北海道から九州に至るまで様々。十代か二十代の頃までは出生したその地の空気を吸い、家族とともに戦中戦後をしのいだ人たちが多い。

長い湘南暮らしで言葉の発音こそ違いはないけれど、寒さに耐えた北国育ちは我慢強く働き者。い

ざ！　と気に入らねばタンカを切りたい江戸っ子の下町気質の九十五歳からさまざまな人種の集まりでもあるのだ。

長女で多勢の弟や妹の面倒を見た人も二女で姉妹のはざまに育った人もいる。私のように四人姉妹の七十八歳の末っ子もいる。

夕食時の話題のなかで一人一人の個性の有り様が見えてくる。

さし当たって当の私は、四人姉妹の末っ子で、しかも長女と私の年齢差二十歳。三人の姉と、母という四人の女性に囲まれて育ったことが、幸いなことにＣＯＣＯ湘南台にいて年齢の異なる女集団に抵抗がないのである。つまり幼いときに十分女性に免疫が植えつけられているからなのだと思う。妙な生育歴が幸いを呼ぶことになったのである。

どんなこと？　と聞かれても一口には答えられないが、どんなにお世話焼きがいても、気にならない。「こうすればいいのよ」……「そうなの」と返事はとても素直にするけれども、わが道をいくのである。このごろ、皆にその性格はバレてしまっている。

皆さんには、ゆるぎない立派な個性があり、その個性がピアノ的であったり、バイオリン的、フルート的、ハープ的、チェロ的、そして片やトランペットであり、そのなかにドラム的な人もコントラバス的な人の音も必要であって、愉快にハーモニーをつくり出していくのだろうか。

裏返すと、どんな一級品でもバイオリン奏者十名が集まっても楽しい演奏にはなりそうもないのと同じなのである。

そこに「自由の尊厳」を認め合い、ともに生きていこうと無言のうちに誓いあえるのは女性の特技かと思うほど、男性向きの暮らし方ではないようである。弱ったことだ。

夫妻向きの暮らしのすすめ

男性向きの共同の暮らしとはいったいどんなことなのか。いや、グループリビングのような暮らし方は社会的に自立度の少ない人は男性であれ女性であれ、難しいようだ。

一案として、夫妻で入居する場合としてNPO法人COCO湘南のようにグループリビングが三か所用意され、それも十キロ内外に拠点を持つのがいい。

ABCの三つのうち、夫がAなら妻はBかCと、別々に暮らして夫妻の自由を確保し、暮らす人と交際の自由と自立訓練していくことが楽しくなる秘訣ではないだろうか。妻の解放感が心に余裕を与えるに違いない。お互い様にネ。

ときに、夫妻で泊まりあって懐かしめばフレッシュな気持ちが湧いて、ちょっと老いらくの恋愛気分といけるのであろう。

現代の若い夫妻はいざ知らず、かつては夫に従ってきた妻。老いてから妻に従うように追いまわす夫の話はよく聞く話である。

夫妻で入居経験がある友人の愚痴を聞くと、ホームでも夫はすべて妻に世話を焼かせたいし、ときに映画好きの夫に「他の女性と映画でも鑑賞にいったら」と勧めるけれどなかなか行動しない。「妻である私がヤキモチでも焼くと思っているのかしら」。

地域から隔離されたようなホーム、いくらエレガントな建物であれ、心の通う工夫も必要なのであり、私たちが十名の暮らし、グループリビング三か所、それもそれぞれが約十キロ単位圏内に位置していれば、夫妻の上手な過ごし方も着眼できるのではないだろうか。ちょっとした発想の問題である。

地域同士のおうちの窓も開いて――サロンコンサート

開設六か月目の一九九九年のクリスマスのこと。その年の五月には生活者皆さんが全員そろい、個室の住み心地も整い始めた。片づけなどにあたふたしていた約六か月が過ぎて、身体の余裕ができると、お互い同士の個性が気になりだしたり、ご自分の価値観が頭をもたげだしてきて、「自立と共生」の解釈をめぐって、多少の衝突も起こってくる。

「お互いの個性を許し合って」と理屈ではわかっていても、生まれ育ち、生活して築いた大切な価値観である。それはしょうがないこと。やがてCOCO湘南台に暮らし始めての梅雨と暑さを乗り越えて、心身ともに秋の風で癒やされ始めた。

ご近所の方々も温かく迎え入れてくださったこともあって、さて、何かお役に立つことは……、と考えていた。

この地域に少しでも役に立ちたい、いったい何が私たちにできることなのか。アイディアを出し合ってみた。

「広い庭にスイカをつくって近所の子どもさん方と楽しむ」。

それも良い。

「いっしょにバーベキューなどをして」。

それもいいわね。

生活者の二人が、おりおり二階のリビングでピアノを弾いているのを通りがかりながら聞こえるようで、「ピアノの音が聞こえてほのぼのとしていい心地ですよ」と声をかけてくださったりしている。これにヒントを得て、「ＣＯＣＯ湘南台の二階の三十五帖のリビングで小さなコンサートを開くといいわね」と話題になり始めた。

私はこの街で、長いあいだ、アマチュア演劇にかかわっていた関係で、市の文化芸術振興財団の理事という役目があった。市民会館の自主事業であるオペラの企画等々とかかわっていた関係もあって、ご協力してくださる音楽家とはたくさん交流していた。さっそく依頼して、クラシックコンサートの計画を持ち出した。ボランティアの出演である。

音楽家の皆さんが喜んで引き受けてくださり、年二回、初夏とクリスマスコンサートのサロンコンサートが定番となった。十五回目も終わり、すっかり地域のおなじみになった。

参加申込みもファクスでどんどん入る。先着四十名様が、七十名になることが一般的となった。演奏者の参加もスムーズに得て、青山夏実さん（ピアニスト）のコーディネートで波に乗った。

ここで、私たちが主催していくコンサートで、三つの思わぬ喜びが起こった。

一つは、四十名定員が七十名の参加となった。

二つめは、このコンサートから地元楽団が誕生して、クリスマス出演ではその方々も入り、家族ぐるみのにぎわいとなった。この楽団は名付けて「ヒマナスターズ」さん。

三つめは、コンサートのあとが必ず演奏家も交えての紅茶会とビンゴゲーム。この大人同士のビンゴゲームに湧いて湧いて、笑いながらＣＯＣＯ湘南台ばかりかお隣り同士の地域交流も始まったことであった。

そしてボランティアで演奏してくださった音楽家の感想は、「緊張して震える経験」。じつは、本番のステージでは、客席は暗転である。しかし、このサロンコンサートは、聞いてくださる皆さんの眼がいっせいに演奏家に集中する。演奏家にたいしての表情も、足元でわかる。こんな経験を積んで、若手の音楽家も成長していく。だから、とても嬉しいことなのだと、喜んでくださるのは、何と救いだろうか。

サロンコンサートの準備は、二か月前からご近所にチラシをポスティング。コンサートファンに通信でご案内。瞬く間に電話やファクスで満席。もうこうなったら椅子席と座布団敷きの客席である。

ビンゴゲームの景品は、ＮＰＯ法人ＣＯＣＯ湘南の役員や会員がくださる品を貯めて、七十から八十品。

一か月前にプログラムをＮＰＯ法人「ＣＯＣＯ湘南」研究会のデザイン担当が作成して用意万端。そして当日の役割表にしたがって、その日を迎え、喜び合う。不思議に雨の日はなかった。晴天である。

小規模グループという大木の下の孤独はいいね

グループリビングの居住スタイルに関心がよせられ、少しずつ広がっている理由には、少子高齢社会によって、日本の家族制度が変化したこともあり、高齢者が住み合うことによって一人の不安を取り除くことを可能にすることができるから、と一言でいってしまえばそれまでだ。人間はこの世に生を受け、成人して父母の手から飛び立つのが当たり前なのだと考えている先進諸外国は、このような生活に着目して五十年以上百年という長い経験がある。

高齢期のそれ以前の課題として少なからず、G８の首脳たちの集まる国々では「日本」を除いてどのようなハンディがあろうと、十八～二十歳ころには社会へ独立し、自立して働き、生活する環境や条件が備えられている。社会保障の制度が充実している。G８のなかで、社会保障が遅れているナンバーワンの日本。何かむなしい心になる。

かつて日本は封建的ではあったが家族制度の厳しさを我慢すれば一家族であったし、家長が守っていた。それも必死でね。今はそれは不可能である。

かえって、家父長制度の頼り合うぬるま湯が、親も子離れできず、子の独立を阻害し、家族介護のことばを美徳として社会保障を遅らせた原因の一つといっても過言ではない。

また、現状は？　と問われると答えように困ってしまう。

高齢者に限っていうならば企業化した有料ホームバブル花盛りとなるような気配。見かけ立派な大規模施設の生活での孤独も辛そうである。

とくにターミナルケアの話を聞いたところ、突然死とかは別として、ほとんど病院送りであり、福祉の特別養護老人ホームも似たような実態だと聞く。また、家族介護で社会の支援を得て住みなれたわが家の布団の上で終われるのは至福の幸せといえるかもしれない。

そのような背景を考えると、今回の八重さんの事例はグループリビングの当たり前の完結編であったといいたいし、また、そうしていきたい。

みんなの願いが大願成就する世になあれ！

依存から自立へのめざめ

市民生活をお役所はお上として支配しすぎていたのではないだろうか。お役所は何でもしてもらうところと信じられ、お役所に頼れば、あるいは頼っていれば、不服があろうとまあ何とかなるさ、の長い歴史が深く浸透しているため日本人の心は依存心に満ちあふれ、片や、「住民自治」や主権は住民にあると主張する私たちは左翼と見られた時代が続いてきたが、今は私たちの主張は当たり前となってきた。

今、住民自治、市民参加、市民と協働が理解されてはいるが、しかし一般理論と行動は行政も市民にも伴わない時代を生きている。

その長い長い大昔からの歴史に身を置いてきた時代、収入から食物いっさいの待遇を女と男は区別され、「嫁したら夫に従い」「老いては子に従う」という明治・大正初期生まれの方々の一般的な風潮をいっきょに取り除くことはできないかもしれない。

そのなかでも一生を先駆的に男女平等をとなえられ、運動をされた市川房枝さんや諸先輩は「元祖女性は太陽であった」とまで述べられた平塚らいてうさんなど珠玉のような活動を私たちに示してこられていることが、いまでも私たち少数派のおおいなる励ましになり、指針になってはいる。しかし、残念ながらいまだに改革されずに男性が支配的に動こうとしているし、困ったときのみの女性頼みでもある。

しょせん、男と女の闘いなのかもしれないが、つまり残念ながら「人権」が定着していない国なのである。

と、いいながら人間一人一人は捨てたものではないということを立証していくっていうのが「自立と共生」の暮らしである。

生活者に求めること——和気藹々の生活

生活者に求めることは「自立と共生」の理解である。理解度は初めは多少の差はあるが、だんだんと理解が深まるようになった。

生活面での「自立と共生」の役割は、この指たかれ！ですすめた。初めは多少とまどったようだが、ミーティングや検討会、生活分担になれてくると、皆さんベテランの生活者で個性的でよい。家族ではないが、大家族的なものに育つのである。

それになんといっても家族依存ではない気楽さがある。またコミュニティの円滑な流れは、単純なルールをつくって、お互いがそれをゆっくりゆったりとすすめている。経済（運営）面も自主管理で公開している。

十名の夕食は、ミーティング以上に提案や希望がよく出される。よくしゃべり、にぎやかにすごす。特別養護老人ホームや有料ホームの四十名から五十名の夕食がシーンと静まりかえっているのは不思議なことである。

生活者が集まる機会は、夕食、ミーティングだけでなく、誕生会、介護予防などの学習会、生活支援グループとの懇談会などである。無理につまらないレクリエーションなど考えないことである。提案に合意されたことのみをみんなですすめることがいちばんである。価値観が異なっても十名いれば、スポイルされない。異なる価値観もかえって愉快な要素ともなる。

生活者の半分の方は、ほぼ一日おきくらいに外出される。趣味の会、友人訪問、教会、美容院、主治医、買い物などいろいろである。

生活者はどうしてグループリビングを選んだか

「自立と共生」の考え方の受け取り方は多少私たちと異なっていても、ほぼ、それに共感されたことが大きい。皆さん、一般の有料老人ホームの情報をもっていたので、それとはまったく違うということをわかって選択してくれたのだと思う。また、特定非営利活動法人への信頼にかけてみようと思ったと話す方もいる。

それぞれ多少の理由の違いはあっても、元気に生きていこう、少しでも暮らしあう同士、お互い役に立ちあいながら、そして生涯の安心を……、と、この生涯型のグループリビングを選択された方もいる。

逆に選択できなかった人のことを考えてみると、息子の意見に左右される母親像が浮かび上がる。娘は賛成が多いのであるが、息子から反対されて、入居の決断が鈍るのである。子離れできていないということか。

また入居したいが、経済的な理由で生活費が自力で工面できず、断念された人もいる。

グループリビング第二号の「ＣＯＣＯありま」は、少々交通が不便なので、それが理由で入居を断った方もいる。

自由と尊厳の旗をかかげて、みんなですすめる生活なので、自分で入居の意志を明確にできる人を希望したい。本人も前向きに歩けば幸せをつかめるようだ。

当事者の選択とは

自由と尊厳の自由についていえば、まずは、自分の部屋のリフォームは自由である。退去のときは元へ戻すのがルールである。加齢により、介護保険での改装もある。好みのカーテンやウッドデッキをつけたりして個性的に暮らしている。

火気については、火事がこわいので、ガスコンロや灯油のストーブは無理。それと部屋の場所替えは自由といっても、相方の合意がなければいまのところ無理となっている。

自室に親戚や友人などが泊まりにくるのも自由である。食事のトッピング（追加の総菜）や嗜好品・お酒も飲め、自分でいつでも好きなものを食べられる。もちろんヘルパーの選択も自分で決められる。

自分で決めることが豊かな暮らしに結びついていく。

利益が必要ない運営

グループリビングの月額費用は、まず安定して支払える費用を十名（うちコーディネーター一名）

で算出している。もちろん、食事は見かけエレガントな料理とはならない。むしろ、ぬくもりのあるごく普通の家庭料理であり、その労働費も含めて財政計画を立てている。

家賃・食費・家事労働費・共益費を含めた額であり、個室の電気料や電話などを含めると、電力の使い方にもよるが、ぎりぎり月十五万円は必要となっている。

十名の居住単位はどうだったか？

やっぱり最適なコミュニティとなれそう。維持費（共益費）などの経済面もまあまあで、会計の腕前でもある。

個を大切にしあいながら暮らし、費用はぎりぎりであってよいので、企業と異なって、利益を必要としない、参加型共同運営なのであり、ほんの少し繰り越し金は残すよう、会計係の生活者はいろいろ工夫をこらしている。

工夫とは何か？　たとえばゲストルームの利用料収入はグループリビングの共益費にしている。

ゲストルームの利用料については次のように三段階に分けて考えられている。

ゲストルームは不特定の方ではなく、ＮＰＯ法人の会員や生活者の家族（夕食付き四千円）、ＮＰＯ法人の会員や生活者の家族の紹介（同、五千円）、大学などの研修依頼、とくに生活者の息子さん・娘さんの海外勤務も多いことから、母親訪問に泊まられ、皆さんと交流されることも多くなったことや、海外からの留学生（夕食付き二千円、昼食五百円）もあったり、多彩なこのごろの風景である。生活者の介護のために宿泊が必要な場合の負担額は相談して決めることになっている。

また、みんなの知恵でこんな工夫もしている。誰かしらの贈り物に缶ビールや缶ジュースなどがあると、それを放出して、みんなが自由にいただく。いただくときは一缶ごとにビンに百円入れるので、遠慮なくいただけて、これも共益費に入っていく。

じゃ、少し余裕が出たら？

お正月料理にプラスしたり、誕生会を年三回まとめて開催するときに、バーベキューやオードブルで豪華版をして楽しんでいる。

また、調理を受け持つ「おり〜ぶ」さんの几帳面な会計は、年度末に食材費として預かった残りを年約二十万円近く返金してくれる。それも共益費に入れる、という具合に、うまく回転している。

コーディネーターとライフサポーターの存在

十名で生活するとなると、住民の代表のような形式で、住民の多様なニーズをいっしょに調整していく役目は必要と思う。そこで、グループリビングにはコーディネーターが存在する。

ＣＯＣＯの制度としては初めてのことだが、自然体でみんなの知恵をいただいてやれば、むずかしいことではない。コーディネーターの能力とは、「聞く、受け入れる」が基本で、これに合意形成と若干の性格が伴えばＯＫ。生活者にたいしてお世話しすぎはかえってよくない。

このコーディネーターにプラスして、ライフサポーターを取り入れた。年々生活してくればコーディネーターも加齢してくることに対しての、日常生活の後方支援としての存在である。仕事としては、電話・荷物受付、医療・福祉・保健のネットワーク、各種水道タンクなどのメンテナンス、管理会社との微調整、グループリビング研究会・見学者申込み受付など、それとＮＰＯ法人の雑用一般である。

表２　関係者別の役割分担と要件に反映させる事項

関係者	キーワード	求められる役割	具体的活動項目例（ホームの要件に反映させる事項）
入居者	自　立 共　生	独立した個人として互いに認め合い、自立して尊厳をもって生活するように	・自身の生活（居室、活動）の管理 ・他の入居者の生活を尊重 ・共同生活運営への参加 ・他の生活者とのコミュニケーション ・地域社会とのコミュニケーション ・ルール策定への参加
コーディネーター	方向付け 調　整 不干渉	個々の生活者の生活に干渉せず、調整係、緊急時の対処係として、またホームの地域社会の窓口として、円滑なコミュニケーションを調整すること 個人尊重と調整役に徹する／コミュニケーションを厭わない（平等性）	・新規入居者の相談役 ・生活者の共同生活の「議事進行役」 ・「司会」としていろいろな共同作業の呼びかけ ・生活者と地域社会とのコミュニケーション支援、調整 ・地域社会にたいする広報活動
ライフサポーター	支　援 尊　重	入居者のプライバシーや価値観を尊重し、求められる支援を過不足なく提供すること	・生活者に求められた生活サービスの提供 ・（生命、健康に関わる）緊急事態への対応 ・支援、関係機関への通報　その他

表３　コーディネーターとライフサポーターの指針　（ＮＰＯ法人ＣＯＣＯ湘南作成）

項　目	内　容	備　考
はばたく	「自立と共生」 生活者参加	○主役は生活者です ・限りなく個人の意志（選択）を尊重 ・平等と人格の尊重 ・自主、自立を支援するポジション
まもる	「個人のプライバシー」 ・疾病の予防と早期発見	○個人の資産、交際などに介入しない ・静かな見守りに心がける（適切な距離） ・個人情報をしっかり守る ・衛生的環境の整備
ひらく	＊和やかなミーティングを ・開かれた経理 ・地域への参加	・社会の情報を提供（読みやすい字とわかりやすい文で。個人情報は守る） ○自由な心、受け容れの心 ・地域住民として常日頃の接点を大切に
ささえる	＊医療、保健、福祉、ほか ・ネットワーク ・ノーマライゼーション	・日頃から交流、情報収集に努めていく ・緊急時調整と支援 ・日常生活の調整と後方支援とサポート
たのしむ	・地域交流をスムーズに ・円滑なコミュニティ	・地域交流計画の運営（自由参加） ・小さな悩みの横にいて、支える心 ・楽しい食事、おいしい食事に
いやす	○ゆっくり共生をすすめる ・自由と尊厳	・庭など美しい環境づくりに ・そっと後方から支援 ・気配りと目配り
あんしん	・個々のケースを支援、調整	・往診医師、ケアマネジャー、その他の皆さん ・生活者の気持ちを黙して知る ・聞き上手 ・「スタンド・バイ・ミー」ということ
そのた	・ゲストの受け入れをスムーズに ・事前に紹介して理解	・支援側とコミュニティを円滑にすすめるよう、つねに調整 ・迎える側とフレンドリーな雰囲気を大切に

グループリビングを考えてみると

＊財政からみたとき

小規模グループリビングの運営を考えると、行動障害を伴うアルツハイマーなどの特殊な疾患以外は、介護予防的で健康な生活を続けられる。それを考慮すると、介護保険料の保険費負担額は、一般的利用の平均から考えて二〇％～三〇％で十分と考えられる。

また、医療費は、特殊な疾病以外は老人病院などの長期入院が、まずなくなると思われる。短期入院で必要とする治療が終われば、即自宅であるグループリビングへ帰宅できるからである。

介護付きホームの人件費から考えたら、グループリビングでは、自由に介護保険事業者を選べるので、介護のための人件費は少なくてすむ。ここには介護保険事業者の選択による事業者の向上と介護費用一割負担額が見える関係も存在する。

＊建物からみたとき

木造二階建ては、市内の建設業者や腕のいい大工さんは喜んでかかわってくれる。配管、サッシ、その他の下請け業者も市内の業者に発注できる。これは、市内業者の経営活性化と信用度の評価が見えてくることにもつながっているのである。また建設後のメンテナンスなども、地域の業者であると、すぐに見に来て調整してくれるなど便利である。

居室は南向きで木造だから、暖かく、電気使用量が少なくてすむ。個室の電気量は個々メーターで自己負担なので、こうすると無駄がなくなるし、お互い気にならないですむ〝自由〟。

またバリアフリーに作ってあるので、行動しやすい。

＊環境からみたとき

居室に合わせて家具などシンプルに生活できる。また洗濯機や浴室など共同器具が多く、経済的である。食生活からみても、残菜が少なく、あっても庭で堆肥にできるので環境に優しい。

リサイクルにも積極的に取り組んでいるが、プラスチック容器リサイクルマークが小さいのは高齢者にはわかりにくい、パッケージが多すぎると思う。過剰包装がまだまだあるなど、高齢者には優しくない面がある。

大きくいえば地球環境や地域社会の活性化による経済も大事だが、無駄なパッケージの考慮を視野に入れることが大事ではないかと思っている。

＊生活者として

さまざまな契約サービスが自分の目で見えることによって、選択していくことができ、不服申し立てもできる。費用負担が自分の目で見えるということは、自分がしたいこと、「できること」「してほしい支援」を選択するという効果が上がる。

いま問題になっている施設での虐待などの行為については、この生活は、生活者や清掃・調理・ヘルパーなどたくさんの人の出入りというみんなの眼があるから安心である。

老後は地獄か極楽か――当事者よ、しっかりしよう

このグループリビングに暮らしての生活八年。その間、巷には大規模・中規模と有料老人ホームラッシュとなった。

もちろん、市民グループだけの力で開発することも至難の業とはいえ、高齢者が金儲けの対象となっている企業経営ホームも少なくはない。

第一に当事者が自ら選択して入居した数字はわずかに十七％と聞いて虚しい風が胸のなかを吹き抜けていく。

そこで、どこが問題なのか、分析してみると一八九ページ表４のようになってくるのである。

〔第４章〕　グループリビングでの日々

安心の担保がふえて

湘南台駅の近くには、八重さんお気に入りのペットショップや、自家製のパンをつくる店、スーパーも歩いて三分。程よい街。毎日散歩兼ショッピングができ、手作りケーキ店や花屋も開いたし、そここに何か大きなマンションか有料老人ホームができたらしいなど、その他の情報を仕入れられる。

（「ＮＰＯ法人ＣＯＣＯ湘南」西條節子、星野素子作成）

	高齢者グループリビング	有料老人ホーム
3 その他	・介護保険の利用できる費用のうち、全国平均20～30％しか利用しないくらい、自立度が保てていると推計される。まだ確実に証明される資料はないが、検証したいと考えている ・生活プログラムは入居者の話し合いで決める ・ＮＰＯの事業、予算、決算すべてが公開 ・入居者も参加型運営（提案など活発）で財政についても参加するところが多い ・当事者の選択権が守られ、生活が豊か ・生きる喜びがある ・生活の仕方にたいして弾力性をもっていける　（例）飼っていた犬や猫と同居もできることなど	・当事者の権利を主張しにくいので活性化が図れない ・生活について、ほとんど昼間デイルームなどでテレビを見て居眠りなど孤独な様子 ・支払った費用の使途が公開されていないところが多い ・領収書は出されているが明細がないところもある ・ヘルパーが施設内専属であるため、選択ができない ・ボランティアのグループ導入に熱意がないので、精神的・身体的虐待が見えないところで行なわれる傾向がみられる

表4－1　高齢者グループリビングと有料老人ホームの比較

	高齢者グループリビング	有料老人ホーム
1 暮らし	・「自立と共生」による介護予防生活 ・地域とのオープンな交流、また地域消費者としての住民 ・小規模６～９人の円滑なコミュニティは精神的な豊かさをつくる ・ターミナルケアが社会資源のチームにより実践できる(社会的資源＝医療・保健・福祉) ・安心を担保する医療などのネットワークはあるが、個人のホームドクターの当事者選択ができる ・家事労働は地域のワーカーズ、またはチームによる ・ボランティア活動拠点として社会貢献できる ・個人の尊厳が丁寧に守られる(食器などにも)	・運営は設立側のプログラムに従うことが多い ・お世話する人、される人の関係(依存型) ・毎月の費用が平均年金を上回っている ・手助けを必要としたとき、ホーム以外のメニューを使うと加算される ・入居者が多く、入居者同士のコミュニティはみられない ・地域から孤立型(閉鎖性)が多い ・ターミナルケアは約20%とみられ、病院か療養型病床群への移行がみられる
2	○有料老人ホームの定義の改正(29条)により、10人以下でも有料老人ホームとなる ・(29条)による入居一時金保全義務化(細かい省令は見ていない)　保全は当然だが方法論は未定 ・ＮＰＯ法人と税の課題(特定非営利である) ・届け出の書面の複雑化はＮＰＯ法人立を阻害する ・グループリビングは地域力(市民力)を育てるもので、現行有料老人ホームとは異なる面があることを理解されなければならない	・都道府県の立ち入り検査の強化は良しとするが、形式的になりやすい ・むしろ、ケアマネジャー外部チーム制度とアセスメント評価による方法が実際的 ・介護保険支援費と実体の違いが大きく、介護保険を財政的に不安定にしている面が多い ・当直専門性〈交替〉で入居者実態の把握ができていないところも多い ・施設内生涯完結型は介護度を高くする

表4－2　高齢者グループリビングと有料老人ホームの比較

	高齢者グループリビング	有料老人ホーム
1 住居	・バリアフリー仕様 ・個室面積20～25㎡確保が多い ・個室面積60%　共有面積40%以上 ・個室にトイレ、洗面、ミニキッチン、クローゼットあり ・個室はおおかた南面へ努力している ・食堂と談話室は別 ・非常通報装置付き ・ゲストルームの確立	・バリアフリーとは言えない。旧企業の寮の改造が多くなってしまった ・廊下幅が狭いことはすべてに言える ・個室面積が小さい ・個室の北側も多い ・共用トイレが多い(古い建物改造の場合) ・共用部分が狭い ・食堂兼談話、デイルームもあるなど ・ゲストルーム専用が少ない
2	・地域の小規模の暮らしを求めている将来の高齢者が多くなっている	・先進諸外国は大規模施設を解体し、地域生活型へ移行しているのに、わが国は逆行して大型化・収容化しているのは疑問 ・入居金が高い ・月額使用料も同上で、最近上昇傾向
3 その他	・生き活きグループリビングの支援費制度を充実させれば、永続性は十分保障され、地域の資源が生きると思う ・強調したいのは、個室のトイレがあること。水分補給を生活上、十分するため健康維持ができる ・グループリビング群ネットなどの推進・運営などについては、厚労省は別の柱を立てて制度を推進していくことが望ましい(介護保険、医療費などの軽減につながる)	・入居して体力が下がる場合が多いので、介護度が高くなる傾向が多い →退化していくことに介護保険や医療を消費して財政を圧迫していくのか →自立と共生の介護予防で健康的な豊かな生活に財政を投資するのかこれが健全財政の基本であると思う

はげしい自動車道からは東に入って二本目の道路からさらに南へ入ると幅員六メートルの道路ぞいにCOCO湘南台があるということになる。

約二七〇坪の敷地に木造二階建て一四七坪。ここの住民が十名（うちコーディネーター一名）、犬は現在二匹、猫一匹。

八重さんがいたのは一階の入口から三番目。Cの部屋である。名前の表示は自由でドアに作った小さな花束などを飾ったり、視覚障がいの土田敏夫さんのドアにはリボンがついていて、ご自分もその手ざわりで自室を確認されている。

個性的な表札にかわる自分好みのものがあり、生活者は知る人ぞ知るなのである。

南側十五帖の部屋（各自）にウッドデッキ（自分で発注して作ってもよい）があるのが八重さんのところ。一〇〇坪の庭に面しているので、少しの野菜畑の大根やほうれん草、小松菜、ネギなどの成長を楽しみ、また花壇は三月末からは、チューリップの赤い芽が首を出し、パンジーは色とりどりに冬の季節を元気に咲き誇っている。

雀ばかりか、椋鳥、山鳩、カケス、果ては常連のカラスが二羽、土に埋めたはずの厨房から出たゴミを掘っていく。

やわからな大根の若芽をつつくのは椋鳥、キンカンの実を楽しみに食べにくる小鳥もいる。キンカンは秋の収穫のとき、鳥たちに残しておすそわけしているのは、宮山さん。

庭に石焼き芋の場をつくって、キャンプ生活をなつかしみつつ焼き芋をつくるセツコさん。喜ぶ生活者、お芋が大好きな芋女、芋男。

朝早く草取りをする方も。暖かな陽差しをあびて、テラスでギターの練習をする方もある。二階のテラスから干した布団をたたくヘルパーさんの腕っぷしのいい音。

ゆったりした生活の匂いや音が風にゆられ流れていくのであった。

八重さんの元気なとき、毎日庭ぞいの道に吹きたまる枯れ葉を掃いてくれたり、草取りあとの枯れ草の始末。そして庭の手入れを楽しむ私たちに紅茶の接待も。タイミングよく、さり気なく運んでくれるのは八重さんだった。これが当たり前みたいになってしまった。

世阿弥の家伝書によれば「秘すれば花」の言葉があり、私の大好きな座右の銘にしているのだが、彼女を称してそんな人柄であった。

そんな八重さんと、姉上が五十年暮らし続けたのは、「秘すれば花」の八重さんと、また親切を受けた人は喜びを全身で表現してほしいとはっきり自分の五感で、感じていきたいタイプの姉上とのバランスのよさだったのでもあるのだろうか。

老春を謳歌し、ここで終わりたいのは八重さんばかりでなく皆の気持ちでもある。

医療や看護、介護、家政のネットワークがスムーズに機能していくことを証明した第一号がモデルを示してくれたような結果でもあった。

これで、一つ二つ、また元気になったのは、安心を実証して担保したからでもある。

夕食は超にぎやか

住民の出身地は北から南まで六県にわたっている。結婚が動機で藤沢に住居、または勤務地の関係、海のロケーションが好きで移られたという人……。私は家族の転勤でついてまわり小学生から藤沢で六十年。

産地は南は福岡県、長崎、鳥取、東京を中心に北は秋田から北海道と幅が広い。

その間、諸外国の勤務や視察など多くの人が外国の空気を経験しているし、いまだに海外へ旅に出る人もいる。

厨房で調理に精を出す四十代から五十代の「おり～ぶ」の人々は、あまりのにぎやかさに驚いて微笑んでくれている。

話は千差万別。年齢、生育歴で幅広く、異質な話が飛び出して面白い。その日にあった話や、出身各地の甥や姪から贈られてくる産地生産物で、居ながら全国の物産をいつもいただいているのである。それに湧きに湧いて、ビールかワイン一杯も入り、若いつもりで、若いころの話が出るし、将来の夢も多い。

すいとん、うらなりかぼちゃ、農林一号というお芋……。幼いときの遊びもいろいろ。年長九十五歳と年少七十一歳。二十四、五年離れて親子のような差とはいえ、幼いときの遊び歌など飛び出すと、まりつき歌「あんたがたどこさ……」から日露戦争の東郷元帥とロシアの提督ステッセルの会見の歌。

本は田河水泡の『のらくろ上等兵』から『サザエさん』など、ときには初恋の人や失恋、きわどい週刊誌そこのけの話も出ると、キマジメな方には「不良！」とにらみ返されたり。にらまれるのは差し当たって私。

ところが八重さんのもの知りはすごい。とくに怪談話になると眼を輝かせてしゃべりだす。姉妹ともテレビのスリラーやプロレス、怪談が大好きと聞いて、大好きなものがあるのを聞いて、ホッとする。人間って、無我夢中で読む本や鑑賞する映画でも芝居でも音楽でも、何か熱中するものがほしいもの。

集まるとよく私は「着たきり雀」と笑われるけれども、気に入った色彩とスタイルに決めてしまっている。「これって本当のオシャレ気分なのに」。人はいろいろいうが、気にしない気にしない。気にならない。

あとは海を渡って旅にまた旅。国内外を歩き、山登り、演劇活動、海外でも田舎で古い生活用品をさがす古物市場あらし、高価な骨董品より安いものをさがすのが面白い。外国を歩いて集めたそれがスプーン。三つの額にまとめ、コレクションとしてＣＯＣＯ湘南台の壁に飾ってある。想い出の旅を各国のスプーンでたどっている。食後、その壁の前をコレクションを眺めながら通って自室に帰る。皆さんも楽しんでくださる。

食べ物の好き嫌いが私に次いでたくさんある八重さんとはいえ、カレーライス、ビーフシチュー、ニンニク焼き飯になると大皿をペロリと「食べちゃった」と笑って舌を出している。

胃袋はかくれた表情であり神経質なので、その日そのときによって違うものだ。胃袋は気分次第。好きなものはいくら食べてもお腹をこわさないし、好きな音を聞くと病気も治るっていうことは、そのことである。今風にいえば、免疫力を高める夕食風景であったことが「一年もつか」の宣告を五倍近くにしたのであった。

「食べて笑って、あとは入浴だけなんて優雅な夜でしょう」とチェリーさんこと、高山さんがいう。

調理のワーカーズさんのもらい笑いも一緒。おり～ぶさんは「高齢なんてもんじゃないわね、反対にパワーももらっている感じ」という。

でも、味にうるさいのもいて、ごめんなさいね。

三年目の春

私はノコギリを取り出して大好きな大工仕事を始めた。

土田さんの部屋の外だったけれど、みんなにその音が響いて「西條さん、いったい何を始めたんだろう」と怪訝な声がして、皆がのぞきにきた。

「ふふーん、箱庭さ」。

その前の年、八重さんとぎんなんをまいていた銀杏《いちょう》の芽も出たことだし、ちょっと大きな箱をつくって、八重さんが前からほしがっていた箱庭の器づくりを始めてみたのであった。みかん箱二つくらいの大きさのができた。

茶色の塗料も塗って庭の真ん中にすえつけ、土を入れたら何とか様になった。

あとは八重さんが好きな街をつくればいい、ニュータウンをねと伝えた。子どものように喜んだ彼女は、細い銀杏を五本植え、どこかで仕入れたちっちゃな杉や苔をあしらい、手持ちの教会や小石、灯籠まで揃えてつくっていた。

山田さんが可愛い陶器のタヌキをくれた。教会とタヌキ？　ま、いいかと二人で目を合わせて笑った。

「この銀杏、大きくしてぎんなんひろいをしようね」「ぎんなんができるまで生きていないわ」「私もネ」と二人で顔を見合わせて、また吹き出してしまった。

箱庭は太陽の暖かさと八重さんの手入れですっかり林のなかの夢のような村になっていった。

八重さんの近所の友人方が、苔を運んでくれた。うす緑の美しい芝生のように思えた。

にわか大工の少しイカツイ箱庭だけれど我慢して……。よくできたと皆にホメられてまんざらでもなかった。ウフン、と我ながら満足した。

苦労は工作用のノコギリなのではかばかしく進まなかったけれど、一週間くらいでなんとかできあがると、このノコギリもまんざらではないとも思えてきた。

頭と刃物は使いようだと合点がいった。そのついでに、茂りに茂った、あんずの枝をおろして丸坊主にしてしまい、ヒンシュクを買ってしまったが。大きなあんずの木はさっぱりした風情であった。負け惜しみかな。

夕方になると箱庭に水をやり、じっと小さな教会のある村を眺めている八重さんの姿があった。

丸坊主にしてしまったあんずの大木は、来年まで気になることだろう。八重さんの姉上が家から運んでくれた木だったたから。ゴメンナサイ。

私たちは一人

ご家族を送ってしまい、新しい入居の松山さんを迎えた。この方は「重度障がい者」だった妹を送り、他の家族も送り、「ああみんなを無事に天国に送り届けて、ふと我に還ったら私は一人ポッチ。

七十代を越えていたんです」とポツリと人ごとのように話す。「それが当然のように介護していたのは、何でしょうね」。夏になると海岸に近いわが家は、甥や姪たちでにぎわい、それがまた心の支えだったんでしょうと淡々と語る。甥夫婦が敷地に暮らしやすい家に、心地よい暮らしを送ってくれたら、そうこうしているのも思えばごく自然ななりゆきだった。

しかし広い庭と家で一人になったとき、初めて寂しさがこみあげてきたと話す。その間二年くらい経過した。ちょうどCOCO湘南台に空室ができそうだった。

私は、直接の電話を避けて、彼女の友人にそのこと、つまり空室のことを伝え、くる意志を尋ねてもらった。何故なら、間接的だったら自己決定への道をゆっくり考える余裕ができると思ったから。

翌日の夜、松山さんから「嬉しいお知らせありがとうございます。心のなかで待っていましたが、もう駄目かと思って二年。よく私のことを覚えていてくださいましたね、嬉しくて。よく私のことを二年も忘れずに……。そのことに感激しています。ヨロシクお願いします」とご返事をいただいた。

続いて友人からも電話で、「喜んでいらしてたわ。ねえ、思えばCOCOに将来のこともあるのでと申されたおりは、ちょうど十人が決まってしまっていたのですものね。そのとき、西條さんが、何ともいえない気の毒そうな顔をして、むしろあなたが寂しそうだったのを覚えているわよ。彼女はああいう方だから謙虚に、なにもおっしゃらずにその後も庭の草取りや、お買い物などされていらしてね、私たちはCOCOがもう一つできればいいと、まわりは勝手に考えていたのよ」。

障がい者の妹さんはそれはそれは明るくて素晴らしい方で、私たちもボランティアで伺っていたけれど、「妹さんは難病を受けいれて、それでも幸せそうに……。それはやはりお姉さんの優しさ、心に包まれて去っていかれたのよ。よろしくね。確か七十四、五歳かしら」。

「いいのよ、ご本人が話されるでしょう。そのときうかがいましょう。適当なっていうか、この生活へ入るのにある程度年齢的なものもあるようでもね、ご本人に影響はあると思うけれど、年齢でどうこうっていえないことも発見しているのよ」。

ご本人も友人も喜んでくださったし、COCO湘南台の皆さんの受けいれも上手なので心配はしていないことを伝えて電話を切った。

「私を忘れずにいてくださった、それが何と嬉しいことだったか……」と、今、生活をともにしながらおりにふれてポツンと語られる。

そして入居して二年目。家族の皆さんの介護で腰椎がもろくなって痛みが出て、病院へリハビリ入院となってしまった。

病気一つしたことがなく、我慢強く、いつも静かに耐えていらっしゃったようだった。静かにしかも我慢強い方。医者に入院といわれたとき大きなショック。本人にはいえなかったが入院のショックで、灯火のようにフーッと消えてしまわないかと心配した。賭のように京都の甥御さん夫妻、とくに甥の連れ合いの悦子さんと、私のファクスと電話回線はクルクル回り始めたのだった。悦子さんと私のハラハラドキドキは、次の日から二、三日続いた。

心配で入院の様子伺いに飛んで行った。

「うわー嬉しい。楽になってきたわ。早く帰りたい」と涙で訴えられた。嬉し涙であった。よし！毎日訪ねて励まそうと、親しい仲間と相談した。

悦子さんも京都から飛んでこられ、眼をクリクリさせながら「安心しました。叔母は回復めざして頑張る気持ちのようですよ！」と悦子さんと私で「元気になるか、スーッと消えちゃうか」、ハラハラドキドキした二、三日の賭が大吉に出たのであった。

「早く治って帰りたーい」。

この声で、もう大丈夫とホッとしたら、ご本人よりまわりが心配しててんてこ舞いしたことがかえって滑稽になっておかしかった。メデタシメデタシ。

二週間で専用のコルセットもできてリハビリも順調に、真面目に取り組み、入院優等生は無事、生還となった。

高齢期の安住がある幸せ感

私の朝食は十時ころになる。朝寝坊である。これに憧れて、働き活動してきたというと大げさ。怠け者に聞こえるかもしれないが。

白い好みの湯飲みのなかに、茶柱がたったのを眺めて、「お前さん七十八歳！　いいじゃないか、ホントーに、ヨカッタネ」と自分で加齢を受け入れて次々とやりたいことに挑戦している。こんなちっぽけのことが一日の楽しい夢を追い、元気のエネルギーを出発させる原動力となるのだった。エネルギーの貯蓄はないが、このにぎやかさ、人と人の交わりのなかで、新たな血がゆっくりと燃えてくるのかもしれない。

計算どおりに事が進まなくても、あせりがないのは何なのか。まだ目の前に二、三の達成したい夢や目標があることと、すべて自分の自由選択であって、いやがうえにも人と歩調を合わせねばならないことはなく、解放されたことへの喜びがあるのかもしれないし、八重さんのターミナルケアを経験して心強いチームに支援された実証もあってか、さらに安堵、元気づいている私なのであった。

じゃあ、八重さん姉妹は何の喜びがあったのかとおりおり深く考えてみる。本人ではないのでわからないけれど、彼女なりの一つの哲学があったのでしょう。安心を担保しさえすれば加齢したのだからおいしいものでも食べて、好きなように前進しようよ。何もおろおろすることはない。イライラすることもない、ゆったりと時間がある。

肉体的能力はおちても優しさがいっぱい残るのは今だ。力はふりまけないけど、愛は泉のごとしといいたい。

心の優しさをふりまいて「傷つけない」「多少の思いやり」「さりげない受け容れ」「はっきりイエス・ノーをいえる優しさ」、無理して受けて、文句をいうのは愛ではない。

「ありがとう」と心からいっぱいいいたい。

二〇〇七年元旦

九九年四月に開設したＣＯＣＯ湘南台は満八年の年月を積み重ねてゆったりと大きな河の流れにそれぞれの表情がうつされて、まだ川底には何の魅力があるのか興味がつきないものとなった。

二〇〇七年を迎える。

一月元旦、古式ゆかしくとはいかないまでも、和山さんこと七十九歳が幼いころからの元旦を再現してくれる落ち着いた元旦十時、リビングに準備されためいめいのお重は、生協であつらえた品である。

味にはうるさい方々のご推薦とあって三年連続の発注で一個五千円（共益費）。

お屠蘇も用意して、和服に白い割烹着姿で宮山さんと一緒にお雑煮づくり。小ぶりの紅白丸餅なんだって。お碗には、三つ葉、かまぼこ、しいたけ……。

めいめい皿につき出しの、数の子、ゴマメ、黒豆、松の葉を通したぎんなんとか、いわば正統派の「日本の正月元旦の祝い膳」といくのである。

こう美しく飾られると、お餅のきらいな私もつりこまれて一つはペロリと美味しく胃におさまるのが不思議。

和服姿バッチリの二人の女性と、これも和服の男性。白いセーターにエンジのキルティングのベスト、ロングスカートなどと、それぞれの出で立ちも華やいでいるのをズィーッと眺めて、ニンマリしている私は相変わらず眠そうなコーディネーターでもある。

いつもは他に障がい者グループホームから男性二人を迎えるのだが、今年は木山さんの具合が悪く、全面介護になられて、他の法人の療護施設にショートステイにいってしまわれたので一郎君・四十三歳一人を迎えた。

犬のルルは昨年暮れに美容院に行って、両耳に大げさに松竹梅のリボンをつけてもらって、笑いの対象となり、犬用の固いカミカミをもらってテーブルの下でおとなしく噛みしめている。

「皆さま、今年もよろしく」と元気印を喜びあう幕開けでもあった。

優しくきれい好きで美人の和山姉ちゃんに感謝（この頃チットもおこらなくて……、いやおこられても感じなくなったのかな、ゴメン！）。

みんな素敵な個性で魅力があること！

ＣＯＣＯありまから「おめでとう」の電話、ブラジルからも「チャオチャオ！」の電話。お屠蘇、日本酒、それぞれいい気分！　ゲストを入れて十一名中、下戸はたった一人である。これまた、揃いもそろってネ。今年を占うかのごとく、ウワァハッハハハ……と。

なくなった風邪ひき

当初は、数年、誰かしら風邪をひいて部屋に蟄居していたのを忘れたようなこのごろ。

まずは、ワーカーズコープおり〜ぶさんの手づくり、バランスのよい料理、よく笑う夕食のコミュニティ、料理をつくるおり〜ぶさん曰く、「皆さん愉快そうによく笑われ、まあにぎやかなこと。私たちもつり込まれ、とても元気が出ますね」。

よくしゃべり笑いころげる婆さんになった。いや、平均年齢八十一歳の女学生と八十歳の坊や。「トシ坊」の姿であった。

そのトシ坊こと土田さんはお正月走りぞめに、視覚障がいマラソンに意気を燃やしてのぞんでござる。

また、金・銀のメダルを狙っているのでしょうか。メダル合計六十個、トロフィー、楯などが部屋いっぱいに輝いているのであった。

今年も頑張るゾー。

加齢も楽し

世のなかが便利になったのか、気ぜわしくなったのか。このごろさっぱりわからなくなった。

ＩＴ時代になって、海外生活の家族とメールのやりとりができて便利で安心だろう。山や海の生活と携帯電話の普及で安全が確保できた一方、携帯を使って歩きながら話している人とぶつかったり、私にはこの便利さは通用しない。興味もないし、それらに弱いからでもある。

ＣＯＣＯ湘南台の生活者はどうなのか？　一番年下の一人が持っていて使いこなしているかと思いきや、かけても通じないことが多い。私も外出や遠出もおりおりあることから、一応持ってはいるが、カバンの底に入っていて「通じなかった」と叱られたりしている。

また一方、セッカチになった人々が多い。それは通販のフリーダイヤルで、着払いの品が二日くらいで届く早業になれたせいか？

技術のいる特注の網戸など依頼すると少なくとも一週間はかかるのが待ちきれず、いらいらしているなど、社会習慣病魔におかされないように、ゆったりと暮らしていこうよ。

庭の木の実を見てごらんなさい、花の季節がやってきて、実をつけて、太陽の下でいつものとおり熟してくるではないか。

私たちは肉体は熟してきた時期は終わっても、心は立派に甘く優しい味が十分に蓄えられているのだから。

甘い優しさを発揮して、まわりを温めてあげることができるのだから。ゆっくりね。

犬二匹猫一匹、にぎやかなリビング

ジャニーさん、メス十一歳が高山さんとともにこられ、庭で飼っていらしたので、広い囲いをつくり、すでに設置してあった倉庫のなかに段ボールの小屋を入れて、彼女の住居とした。台風でも、大雪でも大きな御殿で大丈夫。

ジャニーは白黒ブチのコーギー犬である。威勢のよい太い声はたくましいので、外の防犯部長と命名された。知ってか知らずか、頑張って吠えている。親しみをこめた生活者の視線を感じとっているようでもある。朝と夕方は、庭中をかけまわり、ときにチェリーさんに散歩のおねだりなどして、いい相棒になっていった。

一方室内防犯部長のルル、コッカースパニエル種、茶と白のブチ、メス。十一歳になったので生活者の名前と部屋を覚えて、退屈するといつのまにか二階に上って訪ねていって歩きまわっている。スライド式のドアに体当たりして、すき間に手を入れて開ける方法を発見して、得意になっている。

一目散に訪ねたいお人がいる。お留守のときは、さびしくって廊下をうろついていると、どなたかが「ああ、ルルちゃん、今日は有ちゃんオシゴトで留守よ。エレベーターでハウスにお帰り！」といわれるとエレベーターに飛び込み、ボタンを押してもらって一匹で下に降りてくる。下につくとドアが必ず開くことを知っているので、ボタンさえ押してもらえば、チョコンと乗って帰ってくるのがまた、みなさんの笑いを誘っている。

上・外の防犯部長のコーギー犬、ジャニー。右・猫のもも。下・室内防犯部長のコッカースパニエル犬、ルル。

下で「まあ、おりこうさん」なんてほめられるからトクイなのである。たまらなく嬉しいのである。ヤッパリ、ホメテ育テルカ、人間も同じね。

そうこうしている〇六年春、ゴリゴリにやせて骨と皮、ケガだらけの子猫が隣の草むらから、ＣＯＣＯのほうを見ているではないか。首輪をしているのである。

可哀そう、あっ、あの草のかげに逃げたわ……。ほら顔出してこっちを見てる。あっ、……といいながら宮山さんは、猫缶を求めに走ったのであった。

「じゃ何とか名前をつけて毎日呼んでみようよ」。猫缶をそっと置いて、私たちは姿をかくした。おそるおそる食べて、物音でまた草かげに逃げこむ……を繰り返すうち、「ももちゃーん、ももちゃーん」の声かけに応じてきた。男？　女？　三毛猫だから女でないかしら？　もし男だったらさ、桃太郎にすれば……と、みんなで話ながら声かけ。もうわがＣＯＣＯの子になっていくのであった。大きな切り傷の化膿も薬で治ってきた。

一か月たってなついて甘えるようになり、いろいろ工夫されたメニューにガッツイタ食べ方もやがて落ち着き始め、友人の橋本みち子さんが避妊につれていってくれて一晩獣医さんに泊まり、「衰弱して、脱水して、子宮も縮んでいたっていってらしたわ……。ももちゃんよかったわね」といって帰宅してきた。少しずつ慣れてきて遊ぶようになった。

虐待されて捨てられたのか。迷って来たのか、さだかではないが、私の推理では、首輪をつけている猫は飼い猫であり、ピリピリとこんなに人を警戒して逃げるというのは飼い主の虐待以外にはあり得ない、と決めて、〝もも〟ちゃんのかわりに憤慨しながら新しく求めた赤い皮の首輪にかえた。

「ここによくたどりついたね。よかったね」と、嬉しくなっているのであった。

動物好き、とくに猫好きの猫科の宮山さんの毎日はももにあけ、ももに暮れる、癒やされの日々となった。めでたしめでたし。

さて、その後ももはルルの獣医さんに、レントゲンから血液検査、そして検便、検尿、猫ドック式に診ていただいた。異常なし。まるまる肥って健康優良猫に変身していった。私曰く、「ももちゃんはマイフェアレディ猫版ネエ」。テラスと外で飼うことにした。

検査後はテラスで、うちのルルと対面した。ルルは小さいとき猫と暮らしていたので、ワガハイは猫と思っている節もあるのでまもなく仲良しになった。

犬のルルのほうが、短い尻尾をふって、もものご機嫌をとっている、ルルはあまりにもプライドがないと、私は少し不満なのだが、「お犬好し」というからいいか。優しいほうがいいか。いつかジャニー、ルル、ももがトリオになって仲良く老後を過ごしてくれるだろう。

高齢者グループリビング、なのだから。

二つのメイト

開設八年目になれば、生活者の加齢は当然のこと。恐れてはいないけれど、身を護りあうことを考えていくのは大切。

たとえばバスメイト、入浴の友達。

大きな湯船に一人は危険。浮きそう、どうするの？　といっても「私は大丈夫」と大先輩は断言さ

右・各人の個室のトイレに設置した「ベルメイト」。中・ベッドの枕元の「ベルメイト」。下・「ベルメイト」の受信機。

れる。しかしそれが危ないと、考えだしたのが入浴複数案。名付けて「バスメイト」をしようとなったのであった。

二名ないし三名で入りましょうとミーティングで理解しあった先輩・後輩と「バスメイト」――お風呂友達案がさっそくにスタート。

村山さんと和山さん組、高山さんと有山さん組などなど、五組のペアが組まれ、さっそく二人組がいそいそと笑顔で入浴に向かう。ほのぼのとする共生の姿をみる。

「ベルメイト」は、バスメイトにヒントを得た。ベッドの枕元とトイレの二か所にボタンを設置してベルをつけ、ペアを組んで「いざ」のときに備えた無線機を取り付けた。

この無線の到達距離は約四十メートル。共生と安心が、一つ二つできてくる。さて、あとは何でしょう。

とりあえず安心して真夏の夕方から夜にかけて、広い庭でバーベキューといきましょう。そんな共生のしくみが整っていく。

爆笑の介護予防教室

講師はヘルパーステーション「あかり」の小川良子さん。

貴重な話はご近所の方もご一緒に、と数人の方もお招きして、ＣＯＣＯ湘南台の生活者と「元気に生きる　介護予防教室」の第一回目は

＊一日に水分を一五〇〇グラムは補給する――自室にトイレがあるから大丈夫「飲むわよ」

地域のかたと介護予防教室　テキストⅠ
ケアマネジャーとして思うこと
あかり　小川良子

1回目
＊起床時間を守る
＊日時を確認する
＊手を洗うこと
＊うがいをする
＊好き嫌いをしない
＊水分は1500ccは補給する
＊大便は一日一回は出す。出なくても時間を決めて排便の用意、習慣づける
＊暇があっても寝ない
＊趣味を探す
＊手指を動かす
＊歩くことが必要、ゆっくりでもいいから歩く
＊太陽にあたる
＊人に用をすぐ頼まない、やれることは自分で動く
＊お金は自分で管理し人任せにしない
＊家の中に閉じこもらない
＊清潔な部屋で暮らす
＊社会の出来事に敏感になる、四季の変化に気付く
＊大きな声で笑う
＊何か思い出せないときは時間をかけても思い出す

＊手をよく洗うこと。つまり風邪や病気予防の清潔編である――意外に忘れがちなことよ。「そうだ、そうだ」と頷いた

＊歩くこと――歩くことねえ、毎日一人では続かないのよね。でも頑張ろう。グループリビング内

や庭だけでも結構そのつもりだけど、このくらいじゃだめ？　とか。
＊自分がやれることはゆっくりでも自分でやる楽しみ――これはそうよねえ、時間があるのだからゆっくりやればいいし
みんな、どうして私の顔ばかり見るの？　「ニヤリ」として「洗濯やってる？」「洗濯機がやってくれるから」とはいいながら、友人に頼んでいる私に視線が集まったのであった。
＊笑う――「ああ、笑いすぎよね」。夕食のにぎやかなことったらなどなど講師にいちいち反応を示しながら楽しく終了。

二回目はパンツの話

講師が、「みなさん加齢してくると出かけるのが億劫になる一つには、トイレのこともあるでしょう」と、その話が一通り終わり、私に講師がバトンタッチされる。

「さてみなさん、私はパンツの話をします。え？　エッチ？　いやそんなことありません。食べれば出るのは当たり前。飲めば出る。シーの話です」。

「ウワッハッハ……」と笑いが止まらない。

「イギリスで高齢者のダンスホールに行きました。杖をついた女性をエスコートするジェントルマンが素敵でした。この日は高齢者のダンスの日。それがチャールストンなどの音楽でしたねぇ。それぞれ楽しそうにリズムをとって、ウィンクしながら踊ってました。動かなくてもリズムによくのっている方もいました。そのとき視察の一行の一人が、あれだけ跳ねている高齢者がいらっしゃるけれど、

私など尿がもれるからダメだわ。羨ましいわね」といったのである。

それを耳にしたワーカーさん、「大丈夫ですよ。そのためのパンツがありますもの」とさらりといってのけた。

「日本にはないのですか?」とぎゃくに聞かれた。というのは紙パンツのことだった。

当時の日本の常識では、身体が不自由になって自分でトイレに行けないときに使うものと思っている人が多かったのだから、「眼からウロコが落ちた」って、このことだった。

ホテルへ帰るバスのなかで、「旅をするのに紙パンツ」「ドライブするのに紙パンツ」「ビアホールにも紙パンツ」などと次々と思い思いの情景を描いて、紙パンツ大合唱となったのである。

旅の一行は、明るい顔になって、紙パンツへの認識が変わったことと、旅や集まりに参加する夢と意欲が湧いたのだった。

こうして私の話が終わり、みなさん、相槌を打って、このパンツの話もよかったわ、買っとこう、でもちょっと恥ずかしい……という人もいたので「何? うちのお婆ちゃんのでねえ……。なんていって求めたら」。そんなことをいいながらご自分のサイズをいったりと、つい出てしまう口の悪い私だが、この日の話は「発想の転換ができた」と喜ばれた。

「本日の参加賞は紙パンツです」というと、またまた大笑い。みなさん喜んで受け取ってくださり、足取りも軽く別れた日だった。

介護予防教室は続く。夢いっぱいの教室である。こうこなくてはね。認知症にならない話もいいけれど、パッと十年二十年の花咲く老後の介護予防教室が大事である。

人間探求は私のサプリメント

グループリビングは三つ目の建設目標に到達した。次の目標へ。

十人十色といったことはまったく十色だったか、と思うとずいぶん簡単に十人十色と、まるで色鉛筆のように決めつけていたことに私は一人吹き出しそうに恥いっている。

人間一人の細胞の数っていくつだったか、六十兆個くらいといわれているが、これだけ異なる人が小規模で暮らすから面白く生活が展開されるのだと考えるようになったのである。

そして三年目くらいから似た細胞が単純化されていくのか、抽出された細胞で交われるようになるのか、十名のコミュニティはうまくつくられていく。十種類の味が展開されて、飽きもせず、誰一人疎外感もなく、一人一人が、私がいなければこのリビングは成り立たないと感じているのではないだろうか。コーディネーターを助けていかなければと考えてくださっているようである。

一方私は人間にたいする好奇心なんて持ったってつまんないといいながら、自分にないそれぞれの方の味のおいしいところだけを、いただくちゃっかり屋の私であることも発見している。

やっぱり四人姉妹の末っ子気質なのかもしれないと思いつつ、面白がって毎日を暮らしてきた八年でもあり、また「ＣＯＣＯありま」や「ＣＯＣＯたかくら」のそれぞれの刺激が私のサプリメントになっていくのであろうか。七十八歳、さあこれからが第三章。ますます面白くなってきそうでもある。

加齢して体力や持続力は多少欠けてくるけれど、そのぶん旺盛なのは探求心なのである。これを使わない手はないから、せいぜいみなさんから刺激というサプリメントをいただいてＮＰＯ法人ＣＯＣ

○湘南の理事長という私の報酬替わりにしていこうとしているのである。

グループリビングの「自立と共生」の意義は貫かれたか

小規模のグループリビングで、「自立と共生」しながら元気に老い楽しみ、納得して終わろうという合い言葉で八年はまさに住民参加型のふれあい生活がやっと熟した柿の実のようにおいしい生活に入ったころといえよう。

とくに、ＣＯＣＯ湘南台に男性の土田さん（視覚障がい）と同居したことは生活を始めた当初は少々とまどった方もいらっしゃったと思われたが、彼の明るさと社会参加をされる積極的な行動力と、自己決定の意見のさわやかさを学べて、みんな一病息災、障がいは人格に関係はなく病気でもないこと、当たり前にグループ生活にとけこんでいかれたことは、一人一人の目に見えない生きるエネルギーを湧き立たせたと思う。

そこに暮らし始めて半年あたりで、不治の胃癌を発見した女性とともに歩きながら、生と死を普段着のように話し合ってきたことは、自分のプログラムも加えて生きることを体験し教えてくれた気がする。

ともすると、自立を食物摂取の行為や歩行、着脱、排尿便を自分でできることと勘違いしている方も多いことは残念だが、本当の自立とは「自己決定」につきるでしょう。ということは、人の自己決定も尊重したいこと。

ご自分の考えを自分で述べて、ご自分の選択にそって、また支援ネットワークが稼働していくことを知ること。明治や大正初期の方々は、ともすると夫にしたがう習慣があるので、誰かに従いたいようだった。とまどっただろうが、こんな心地のよいことはないと味をしめたでしょう。

また、「共生」とは地域住民として町の方々と協働していくことであって、グループリビング内での参加運営の役目はあったとしても病気の人の介護をしあうこととは一味違うわけ。

八重さんの場合、ご自分でみなさんに胃癌を告白され、普通の暮らし方といっても、地域の方々や生活者はさりげなくも心から励まし続けてきたのであった。その間、口数の少ない本人よりも、十歳年上の姉上からは、毎度毎時、顔を合わせるたびに、妹の「いのち短し」を四年間聞かされてきた私たちであった。聞きなれてきたのか……。

しかしそれでひるむような生活者ではなく、お互いにいつものとおり誕生会で笑いころげ、サロンコンサートの名演奏に感動し、ときには衝突もした。

そのような日々の積み重ねから、友情が芽生えてきたちょうど生活三年目くらいに八重さんは、住みなれたわが家で終わりたいと決意をしたようで、自然のなりゆきでもあった。地域住民としても、程よい人間関係、生活者同士の信頼の温度も上がってきたとき、私はＣＯＣＯ湘南台で終わりたいと考えられたことはごく自然ではなかっただろうかと思う。

[第5章] これからのグループリビングの役割

全国で動き出したグループリビング

ＣＯＣＯ湘南台開設以来、見学の申し込みや取材が多くなった。ここは暮らしの場なので、いつもお見せするなんてことはできない。

しかし、突然にこられ、「ちょっと中を見せていただけませんか」と訪ねられる方も多くなり、びっくりしてお断りばかりしてきたが、皆さん明日のためにＣＯＣＯ湘南台の生活を知っていただくことも大切ではないか、と思うことも多くなった。地域のご協力と市民力の誇りも左右してくる。生活者の皆さんと相談して、「第一日曜日の午後二時から四時を見学日にしましょう」と衆議一決して、お電話での申し込みで順番を決めた。また、その後、市内外や外国からの申し込みが殺到して、申し込まれてから見学まで半年先の状況となってしまった。

ただし、個室はプライバシーを守るためにお見せできませんとお断りのうえである。

開設以来、第一日曜日の見学者、計約二千人。その他、市民グループの方々で各地でグループリビングをつくりたい方や、カナダのジャーナリスト、スウェーデン、イギリス、韓国など諸外国からも来られ、近頃は各県の政策担当の方々や高齢福祉課の皆さん方、各大学の政策メディアの学生さんなどのレクチャーも含めると、五千人近い膨大な見学者の数字になってきた。

テレビ、新聞、雑誌、研究所の取材も多くなり、〇五年十月に一つの提案をした。おもいきって、全国でグループリビングをつくろうとしている方々のために、私たちの研究と実践をまるごと公開していく研究会をしよう。「高齢者グループリビングCOCO　本気でつくりたい人の集中セミナー」と題して二泊三日で開催することにした。参加費、宿泊、資料、視察バス代含めて三万円。先着三十五名のところ、四十名となってしまったが、財団法人さわやか福祉財団の堀田力先生をはじめ、慶應義塾大学の大江守之先生方の応援を得て、熱のこもった、にぎやかな交流と励ましあいとなった。

このセミナーが何とか赤字を出さずにとんとんで賄えたのは、講師のご厚意があったればこその結果であった。

その後、各地にその風土を生かした多様な型の暮らしがつくり始められたことは、心強いことであり、一人暮らしの高齢者難民を危惧している私たちの希望でもある。

地域と連帯してたすけあおう——「COCO道標《みちしるべ》」

NPO法人COCO湘南は、目標として三つのグループリビングを目指し、それを達成した。地域に根ざしながら十名ずつ、計三十名の暮らしを楽しんでいる。その一つ一つのリビングに地域からの相談や訴えがあり、それは現代社会の地域の悲鳴もたくさんある。

ちょっとした情報やヒント、あるいは介護疲れの癒やし、何でもまるごと相談にのって、いっしょ

表5　求められた相談（2005年度）

	項　目	件数	主な内容	備　考
1	悩　み	84	独居のさびしさと解決方法 家族関係	
2	介　護	46	・介護をする側の心と身体の疲労 ・介護を受ける側の不満	
3	施設や医療	26	・施設の利用期限がくる 次の行き先がない ・病院退院後の本人または家族の悩み	
4	虐待および暴力	12	・高齢者の虐待 ・ドメスティックバイオレンス	
5	家族などのサラ金問題	4	・サラ金業者からの督促の悩み	
6	高齢者・障がい者の住居	10	・契約期間後、退去をせまられた ・住宅さがしと家賃の問題	
7	その他	35	・対人関係	
計		217		ＣＯＣＯ湘南のネットワークの協力による解決とカウンセリング

に方向を見つけていこう、地域の方々の元気印に少しでもお役に立ちたいと考えた。

そこで新しい研究会として、「道標《みちしるべ》プロジェクト」が発足した。毎月一回の研究会と二回のワーキング。またまた威勢のよいメンバーが二十五名集まって、今まで以上にわいわいと意見や知恵を八方から出して、積み重ねていく。なかには「きちっと、何を、つまり高齢者の課題にしぼったら」「いや子どもだって飛び込むでしょう」「どうしたら気楽に相談にこれるか」「まず、扉を開いて、考えあえればいい」「一部、そばとかコーヒーショップもあれば訪れやすい」「専門家はいるの？」「いるじゃない。ＣＯＣＯに暮らしていらっしゃる皆さんのキャリアも提供しましょうということもあるし」。

ネットワークはたくさんある。
1　地域交流によって、気楽な人と人の出会いの場の「みちしるべ」
2　情報を集約して、共有することによって、地域情報ネットワークの「みちしるべ」
3　地域住民（消費者も商業者も工業、農業ほか）の活性化のための共同研究会をしていく「みちしるべ」
4　定年後のキャリア開発と多様な人々に参加してもらって、街を守る、生活の街を守る「みちしるべ」
さて、その場所はどこにするの？　一号はＣＯＣＯ湘南台の庭の一角に土地所有者によって十坪の建物を建設してもらい、そこを賃借することを想定している。「え？　小さい？」「いいのよ、小さくて。情報や頭脳がいっぱいあれば」と、自信のほどもうかがえて心強いことこのうえなし。

二号は「ＣＯＣＯありま」の交流プラザ「赤いポスト」を使おうと、まずはこの二つを「道標《みちしるべ》」モ

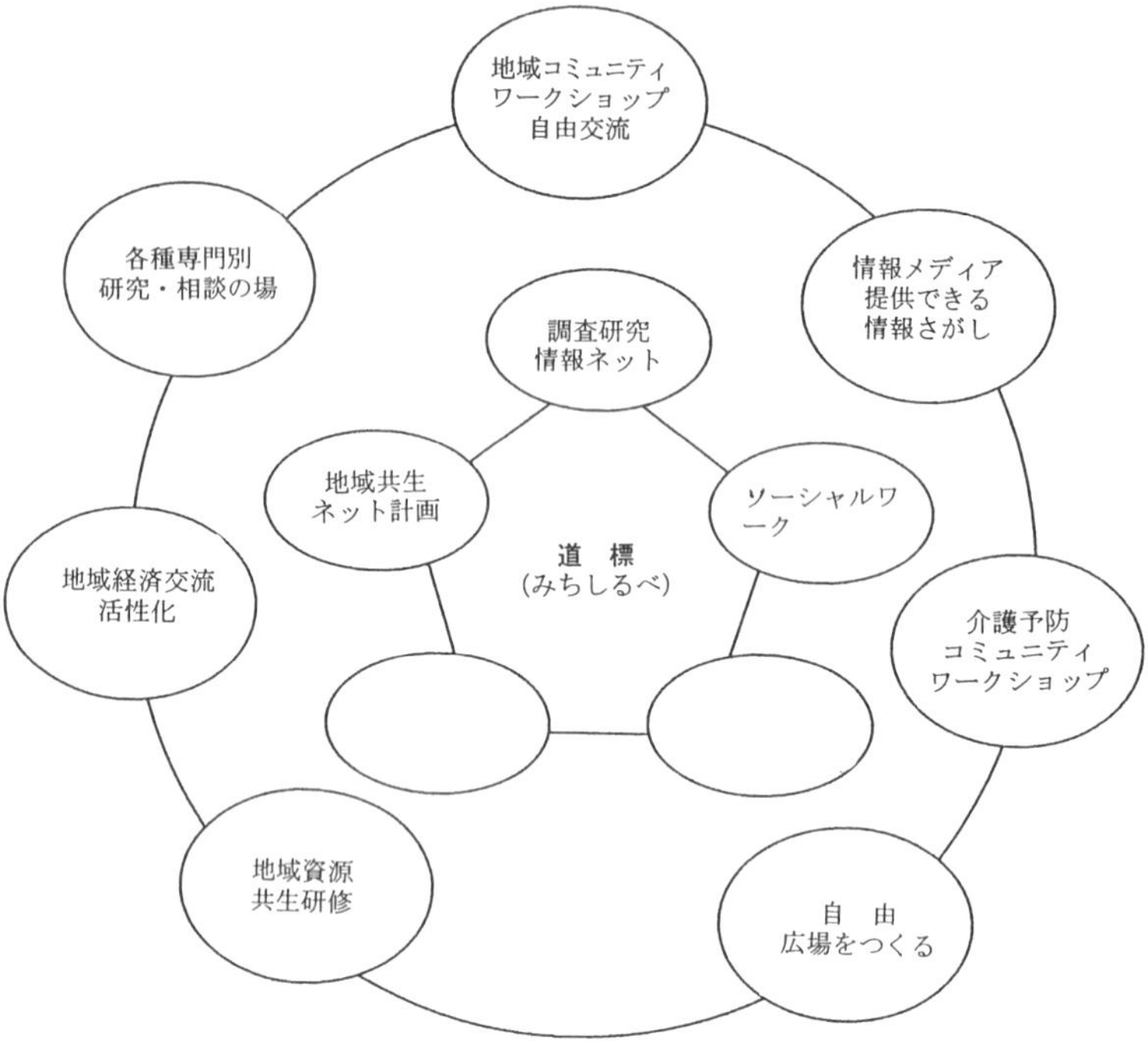

図１　ＣＯＣＯ道標（みちしるべ）概念図

COCO湘南

図２　ＮＰＯ法人ＣＯＣＯ湘南台のロゴマーク

デル事業と位置づけたのであった。

七回目の研究会は、ボランティアについて、各々が二時間議論を開陳した。有償ボランティアとは、行政から発信された行政の不足を補う便宜上の言葉が、いつのまにか流行してしまった。そこに喜びなんかない。

ボランティアの発祥の地、例題などを示して議論して、ボランティアの位置づけを決めてからスタートしようと決まった。

あいまいにスタートしない。ボランティア専門のコーディネーターがいて、一人一人が提供できるキャリア、時間、そして生きがいと喜びを体験していくことをコーディネートする。それが大切ではないか……。

私はいままで視覚障がい者の皆さんのボランティアを三十五年経験、「耳から聞く図書館」として九十名の利用者と八十名のボランティアの例を上げて説明した。ボランティアは生き生きと活動しているのだ。喜びあいを共有しているのだから。

次回は、宿題として、もう一度議論して、ボランティアの位置づけをはっきりしてスタートしよう、となった。

お金は？　資金計画としては少なくとも年間二六〇万円は必要。

現在は、ＮＰＯ法人ＣＯＣＯ湘南の十周年記念シンポジウムでの「道標」設置の呼びかけに賛同してくださった方々によって、寄付が二八〇万円寄せられたり、ＣＯＣＯ湘南台の生活者が、各々とっていた新聞を二人でとって、一人分を毎月寄付箱に投げ込んでくださるなど、すごい発想。

さて、「西條さん、煙草を一か月三十箱吸うのを二日に一箱にして、十五個分を寄付できるわね。そして長生きしてよ」と、ずばりやられてしまった。「よし、ヤルゾー」。煙草をやめろといわぬ、優しい心にこたえよう。「ヤル」と心に決めた。ありがとう。

付録　こんなこと聞きたい

シンポジウムや講演を依頼されることが多くなり、研究会員が手分けしてでき得る限り答えていこうと井之川平等さん、真野喜美子さん、最上真理子さん、星野素子さんと私で分担して答えてきた。

そういう話のなかで、「なるほど」という質問や、「はは－んまたか」という質問があっても、本人にとっては真剣なことだと思ってお答えしている。そういう質問がかえって面白くなってくる。同じ高さのフロアーの対話が、話と心が透明に通じ合うのか。

その質問はしごく当たり前のことだけれど、グループリビングについてあらゆる角度で研究して開設したつもりの私たちには、いつものことながら不思議な質問だ。「ヤ！　またきたな」と思いながらも三段飛びに話をすすめていた。そのすきまをつかれたのか、心のなかは複雑なときもある。

●いつまでいられるの？

質問1　生涯型といっても慢性的な病気になって動けなくなってもグループリビングに居ることができるのか？

答え1　え？　あっ、そうですとも。十人が元気印にというスローガンは、一日一日を大切に明るく暮らせば元気な老後が送れますよ、という目標であって、十人中、身体のどこにも故障のない方は少ないのです。つまり一病息災人間です。

高血圧、リウマチ、骨粗鬆症、癌の手術後、わけがわからないけど頭痛持ち、軽い喘息気味、私のように前に胃の手術二回で胃袋がない。しかも右脚関節不良で機能しないのとか、健忘症（これは病気のうちに入りませんが）、網膜色素変性症から全盲になられた方とか。潔癖症（これも病気のうち？）、糖尿病の方やいろいろです。

本人にすればどこも故障がないのにこしたことはあ

りませんが、加齢したら、どこか機能の弱いところがあるのを当然と思っていますから。ごみ当番を忘れたとか、何か忘れることは当たり前。どうでもいいようなことは、気づいた人がしてます。

あとで、「あっ！　私だったわ、ごめんなさい」と思い出されることが多く、これは誰にもありうることです。

このことを流行語みたいに、かつては一般にすぐ「惚けたの？」なんていうことが多いようですが、ちょっと違いますよね。傷つきますね。

また、もし本当の認知症で相当な行動障害がおこり、たとえば荷物を持って、日々家出してしまうとか、物に八つ当たりして壊してしまうとか、本当に病的な症状が発症したさいには、そのとき本人にとって一番よい方法を、主治医、ケアマネジャーの方と相談し、本人の合意を得て専門のところに移ることになるでしょう。しかしはじめから、そのときの予想を立てて暮らしをすすめておりません。そうしたら何もできませんものね。

質問2　合意を得られなかったら？　この質問に、心のなかでは「ちょっとしつこすぎません？」と思う。こういうのは割合に介護の仕事についた経験者の質問に多い。

答え2　合意を得るためのお互いの信頼と時間がありますから。大丈夫ですよ。心配してません。そのときそのとき十人十色、一人一人違いますね。そのとき十分な専門性を持ったケアマネジャーの出番となりますから。

●終末もいられますか？

質問3　COCOで癌の終末もできますか？

答え3　はい、ご本人が住みなれたわが家で終わりを迎えたいと選択なされば、十分できます。私たちのターミナルケアの記録集『地域に生きて住みなれた家で終わりたい―在宅ターミナルケアの記録―』（三〇〇円）をおわけしますからどうぞお読みください。一般病院は死ににいくためにあるものではないのですから。

ついでに申し上げますが、一時期往診、つまり訪問診療の先生はまったくなかった時代もありますね。

現在ボツボツ医師の方々、とくに歯科も含めて訪問診療に燃えてくださる先生方もチラホラいらして、その先生と訪問看護ステーションとの連携が上手にすすむような時代になり始めました。私たちも常々、医師会はもとより、厚労省関係の会合でもターミナルケアなどの往診医の診療報酬を特別に出してくだされば……等々を提案しています。

だって、かつては診療所医師の方々が夜中でも起こされて往診するために、枕元に電話を置いて寝たと申され、過労に悲鳴をあげられてました。今は、手続きをしておけば訪問看護師さんによって急場をしのぎ、そしてホームドクターへ。ホームドクターから基幹病院へと連絡網も進みました。ときにナースステーションから夜間診療当番医の先生と相談されて、次の手を打たれることもできますし、心臓発作のようなものは救急車でネットワーク病院に行きますが、一時期をこされて帰宅ということになるのです。

完璧ということは、病院でも家庭でもありうるのでしょうか？　こちらからお聞きしたいです。

つまり、突然のとき、苦しまない方法を素早くとることに尽きるでしょうね。先のことを心配ばっかりしないで、今の一日を元気に楽しく。

●十人がうまく生活できる秘訣とは？

質問4　入居して十人とうまくいく秘訣は何でしょう。他人から私は個性が強いといわれるから心配です。

答え4　それは私には答えるのは難しいですね。でも、個性があっていいのではないですか。ご自分でグループリビングや他のホームなどご覧くださり、泊まって体験してごらんになって、ご自分がお決めになることでしょう。ただしグループリビングでも部屋が空いていないと、簡単には入れませんよね。

質問5　暮らしてから人間関係がうまくいかないこともあるでしょう。そういうときどうなります？

答え5　親子だってうまくいかないこともあるでしょう。ときをかけていくと、長所も短所もわかって、長所でおつきあいをすれば、楽しくできるようになっているような気がします。でもご自分で考えてどうしてもこういう生活は合わないとお考えになればもう無理……。そう答えると、「自分に合った、その暮らしがないのよねえ……」とおっしゃいますが、前向きに考えないと何事もうまくいかないのでしょう。

質問6　入居は年齢的に何歳くらいからがいいのでしょうか。

答え6　年齢で決められないこともありますが、やはり七十歳くらいで決断されるといいかもしれません。なぜなら、この生活に慣れるのに時間もかかりますし、少しでもお仲間とお役に立ち合いながら加齢していくほうが気が楽でしょう。ちょっと大勢の家庭生活になじみやすい、そして年配の方にできにくいリサイクルのお手伝いや、町内会の月一回の清掃などみなさんにかわって出ることもできるでしょう。

力が少しある方は力を出し、知恵のある方はまたそれぞれと、家族だって同じと思いますね。私はグループリビングの研究会を呼びかけたときは六十五歳、スタートさせたときが六十七歳。入居したのが七十歳、今七十八歳。今思えば威勢はよかったですねえ。

なんでも面白かったし、人がけんかをしていても、「ウフフ、またやっている」とニヤニヤしていました。でも今八年前のような精神的な弾力性は欠けているようですし、極端に二極にわかれて、まあいいじゃないのと思えるゆとりの反面、生活リズムに融通が利かなくて、徹底的に守らないと、自分自身の機嫌が悪いみたいです。

開所当時、転居されてきたみなさんの段ボールを片っぱしから資源ゴミにして、車に積んで運びましたが、今だったらしんどい話ですね。

しかし、現在私より若い方がいろいろ気付いて雑多なことをこまごまと動いてくださり、助かります。共生生活が波に乗ったというところでしょうか。快適に暮らしています。

●犬、猫との同居ＯＫ

質問７　動物はどうなのですか。何人かがいやだといったら連れていけないとかは？

答え７　動物によりけりでしょう。

ＣＯＣＯ湘南台は私の連れ子の犬と、〇六年五月、助けを求めてきた猫。そしてもう一方の犬がいます。「ＣＯＣＯたかくら」はお二人、猫と一緒に入居されています。

「ＣＯＣＯありま」は動物はおりませんね。臆病な方もいらして、敷地が広いので時折心配される方もいらっしゃいます。しかし男性ライフサポーターの家族が隣に生活していますから、冗談半分に「内海君という番犬がいますでしょう？」と笑うと、横で内海君の連れ合いが「うちの番犬はあてになりませんよ」と笑って……。

そういうことで、それぞれ飼い主はみなさんに迷惑がかからないように上手に飼っています。

動物のほうが人間をよく見ていて、選んで甘えたり、無視したりしているようですね。皆さんにお願いしているのは、食べ物をあげないでくださいということです。が、ときにそーっとあげる方がいます。なぜわかるかというと、そこの部屋に訪ねたがりますし、出てきたとき、「おいしかったなあ」といわんばかりに舌なめずりしてますからわかります。動物は正直ですよね。

質問８　食事の好き嫌いがあったら困るでしょう？

答え８　私は胃がありませんので、好き嫌いが一番多いですけれど副食のなかから適当にいただいています。自分でトッピング（副菜）も用意していますし、また、調理の方が慣れてお刺身のような生魚がだめな方には照り焼きにしてくださるとか。気づかいをしてくださいます。自分で作ったときのことを考えれば、作ってもらえること、それはとても嬉しいことです。夕方六時にリビングに行けば、温かいごはんと、おかずやデザートもあるのですものね。自分の時間をたっぷり使えるし……。

●介護保険について

質問9　介護保険の利用者は。

答え9　ＣＯＣＯ湘南台を一つの例としていえば、九十五歳から六十七歳、平均年齢八十一歳。介護度1の方が四名でうち一名は全盲の方です。

室内清掃・洗濯・布団干し・荷物の多いときの買い物同伴とかがありますね。

質問10　利用されているヘルパーセンターは一か所ですか。

答え10　三か所で、当事者の選択です。

質問11　私はヘルパーをしていますが、ヘルパーについて何かお気づきのことがありますか。

答え11　ありますとも。

掃除の勉強とともに、ゴミのリサイクルなど、もっときめ細かく配慮していく訓練でしょう。

また、食事は昼夜ありますが、身体の調子が悪いとき、ちょっとお粥を作るなどしてもらうのですが、多少お料理の心得くらいはほしいですね。家事・介護というのは、清掃・洗濯・買い物だけではないでしょう。

こんな笑い話もありました。

介護サービスを受けている方のお一人は視覚障がいのマラソン選手ですから、毎日庭でトレーニングをされ、そのあとシャワーを浴びて、缶ビール一杯が楽しみ。

ヘルパーさんが困った表情で、私に「じつはお酒を飲んでいるところに入ってはいけない規則になっていて……」と申されました。

私は「毎日ジョギングして汗を流し、シャワーを浴びてビール一杯が、彼の元気の素なんです。アルコールを飲んでヘルパーさんにセクハラ的な言葉や行動をとるわけじゃないでしょう」といいました。それまでいけないなんてちょっといただけません。ヘルパーさんが清掃中は禁酒・禁煙か？　そういうことを事業所で討議されてほしいと思います。事と次第によるでしょう。

元気に生きて暮らすことを支える、つまり彼は、全盲ですから、汚れは見えませんし、ゴミの分別なども苦手です。衣服の汚れも気付かないこともありますし、シーツや枕カバーなど気付かないところを清潔にしてあげてくだされば、また、個室のミニ冷蔵庫のなかの整理も本人と相談しながらやってくれればいいと思います。しかし、おしゃべりしたい方もいたりしますが、お話を聞きながらでも、口と手は一緒に動くでしょう。

質問12　このような生活には何歳くらいで入るのがよいでしょうか。

答え12　生活の変化に柔軟性のあるとき、そして、みなさんと少しでも共生していける、つまり家庭の運営の役に立っていきながら加齢すると気も楽でしょう。そうかといって、同じように六十五歳の方が揃ったからよいわけではありませんね。一緒に加齢してしまうから……。六十五歳から八十歳間の年齢幅があると、それぞれの年輪を感じさせてくれる味もあっていいですね。

質問13　男性の方は少ないですね。どうしてでしょうか。

答え13　平均的な寿命だけではいえません。現在は結婚すると夫と妻の年齢幅がそう広くはありませんが、かつては、夫が六、七歳年上くらいの組み合わせが多く、私の養母の連れ合いは十二歳年上でしたね。そんなことで夫を送っていくのが妻の義務みたいな風習があったのでしょう。それに夫のほうも妻に看とられるのが当たり前と考えていたのでは。

もう一つは、仕事人間で地域での社会性が少ない男性も多いのではないでしょうか。しかし最近は生活の場に興味を示してくださる男性も増えましたね。

質問14　男性はいやだというホームもありますが。

答え14　なぜでしょうか？　企業社会でのシステムを生活に持ち込む方が多いことは確かですし、幼いときから男と女の役割分担みたいな育てられ方をして、生活自立度は男性のほうが低いですものね。

はないだろうか。

女性も企業人が増えていますが、社会生活をしながら、なかには妻と母、子育て・仕事、三つをこなしてこられた方も多く、共生生活になじみやすいですね。

質問15　診療所などを付属させる考えはありませんか？

答え15　医療にたいする選択肢の幅がなくなるでしょう。それに決まった診療所の医師と合わなかったら困ります。

というわけで、次の質問は病気になったらどうなるのかということが多い。しかし地域社会の家庭と同じに考えていけばいいのではないかと声高にいいたいのである。「自立と共生」の問題はそっちのけ……。ま、わかるような気もしなくはないが。

そんなところで決断を頓挫させていても老いはやってきてしまうわけである。そのとき、自分の選択肢はもうなくなり、どこでもいいから入居できる可能性のあるところに仕方なく……となってしまっているので

あとがき

急速に街が姿をかえてゆく。街の小父さん、小母さんの店の灯も消えて、鉄筋の商業ビルやマンション、また有料老人ホームにかわった。だからといって人口が減ったわけではない。人々が大型の鉄筋の建物に吸い込まれてしまった。いずれも声を掛け合う優しさが消えていくことは淋しい。

そんなことを背景にしながら、みんなも私たちも求めていることは、地域とともに暮らし合うことであったはず。それには多様な暮らしがあってもいい。しかし、孤立したり、淋しかったり、不安と我慢の老後を送りたくはなかった。

そんなとき、一九九六年に十六人の各界の人権家の皆さんによって研究会を立ち上げて、三年目、ＮＰＯ法人によって高齢者グループリビング「ＣＯＣＯ湘南台」は九九年、暮らしを始めることができた。

「自立と共生」の合い言葉は全国に走ったと思う。

地域の医療・看護・介護・ワーカーズの皆さんとのネットワークへの信頼が、ターミナルケアの第一歩を動かしたものといえよう。

二〇〇七年五月の朝日新聞生活欄に在宅で看とりを普及させる研修がスタートするとの記事に目が

とまった。気づいてくださったことはけっこうな反面、あくまでも、当事者の選択権と家族の不安をも解消できる方向へとすすめられるよう願いながら結びたい。

ごく当たり前のことだけれど、少々息苦しいようなまとめ方をしたのにもかかわらず、励まし続けてくださった生活思想社の五十嵐美那子さん方に心から感謝申し上げたい。

二〇〇七年六月

西條節子

〈筆者略歴〉

西條節子（さいじょう・せつこ）

現在ＣＯＣＯ湘南台の生活者でありコーディネーター。

1928年長崎県生まれ。神奈川県立藤沢高校教諭をへて藤沢市議会議員６期24年を務める。知的障がい(児)者の親たちとともに藤沢に福祉の輪を広げ、社会福祉法人藤沢育成会へ。元、同会理事長。

著書『福祉の食卓—旅に学び、旅に遊ぶ』みづき書房（1999年）、『10人10色の虹のマーチ—高齢者グループリビング［ＣＯＣＯ湘南台］』生活思想社（2000年）

◆特別非営利活動法人ＣＯＣＯ湘南　連絡先

〒252-0804　神奈川県藤沢市湘南台７-32-２
電話　0466-46-4976　　FAX　0466-42-5767
E-mail　coco-shonan@jcom. home. ne. jp

生活思想社ホームページ
http://homepage3.nifty.com/seikatusiso/

住みなれたまちで　家で終わりたい
在宅ターミナルケアのある暮らし
続・高齢者グループリビング［ＣＯＣＯ湘南台］

2007年８月10日　第１刷発行

著　者　西　條　節　子

発行者　五十嵐美那子
発行所　生　活　思　想　社
〒162-0825 東京都新宿区神楽坂2-19　銀鈴会館506号
電話・FAX　03-5261-5931
郵便振替　00180-3-23122

印刷・製本　平河工業社
落丁・乱丁本はお取り替えいたします。

ISBN 978-4-916112-16-3 C0036